TOWNの
ニュー
スタンダード
コート

木地谷良一　渡部まみ

文化出版局

INDEX

C

リネンのニュー・トレンチコート … 12

春秋用／裏地なし／ライナーあり

D

コットンのゆったりモッズコート … 14

春秋用／裏地なし／ライナーあり

E-1

圧縮ニットのあったかポンチョ … 16

冬用／裏地なし／ライナーあり

E-2

ポケッタブル

撥水ナイロンのレインポンチョ … 18

春秋用／裏地なし

F

キルティングライナーベスト … 20

E-2 以外に取りつけ

A-1
ウールの
ビッグテーラードコート

赤×黒のブロックチェックのテーラードコート。総裏仕立てで寒い冬に暖かく着られます。伝統的なデザインをビッグシルエットにすることで今っぽさをプラス。脇のパネルラインと袖下をつなげて１パーツにすることで腕を上げやすい工夫をしています。裏地は表地のパターンから展開して作ります。シンプルな無地のウールで作るのもおすすめです。

How to make：p.30

冬用／裏地あり

FedEx

TOWN

A-2
リネンデニムの ビッグテーラードコート

リネンデニムでカジュアルに仕上げたテーラードコート。裏地がないのでさらっとはおれます。ベルトを太め、前あきボタン位置を高めにすることで、メンズライクなテーラードをフェミニンな印象にしました。厚手リネンやコーデュロイ、コットンツイルなどで作るのもおすすめです。取り外し可能なライナーをつけていろんなシーズンで楽しめます。

How to make：p.37

春秋用／裏地なし／ライナーあり

B-1

ウールの
ゆったりドルマンコート

冬用の厚手ウールモッサで作った一枚仕立てのドルマンコート。ゆったりシルエットでボリュームのあるインナーの上にも着られます。身頃と袖はひと続きのパターンなので、ボーダー柄だとつながりを楽しむことができます。縫い代のパイピング始末や手まつりを取り入れ、ベルトを締めずにはおったときに裏が見えても美しい仕上りです。

How to make：p.43

冬用／裏地なし／ライナーあり

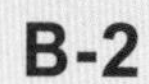

B-2

リネンウールの
ゆったりドルマンコート

薄手のリネンウールで作るドルマンコート。あえてボタンをつけずにバスローブのようにゆったりはおるスタイルです。ドルマンスリーブのため袖つけ作業がなく、作りやすいアイテムです。共布のベルトをキュッと結んでもかわいいですが、お手持ちの革ベルトの使用もおすすめです。薄手のシャツ素材で作るのも素敵。

How to make：p.48

春秋用／裏地なし／ライナーあり

C
リネンの
ニュー・トレンチコート

ガンフラップやストームシールドなど本格トレンチコートのディテールを残しつつ、縫製の仕様をホームソーイング向けにアレンジした新しいトレンチコート。あえてシワ加工のリネン生地で優しくカジュアルに仕上げるのがおすすめです。取り外し可能なライナーをつけていろんなシーズンで楽しめます。

How to make：p.53

春秋用／裏地なし／ライナーあり

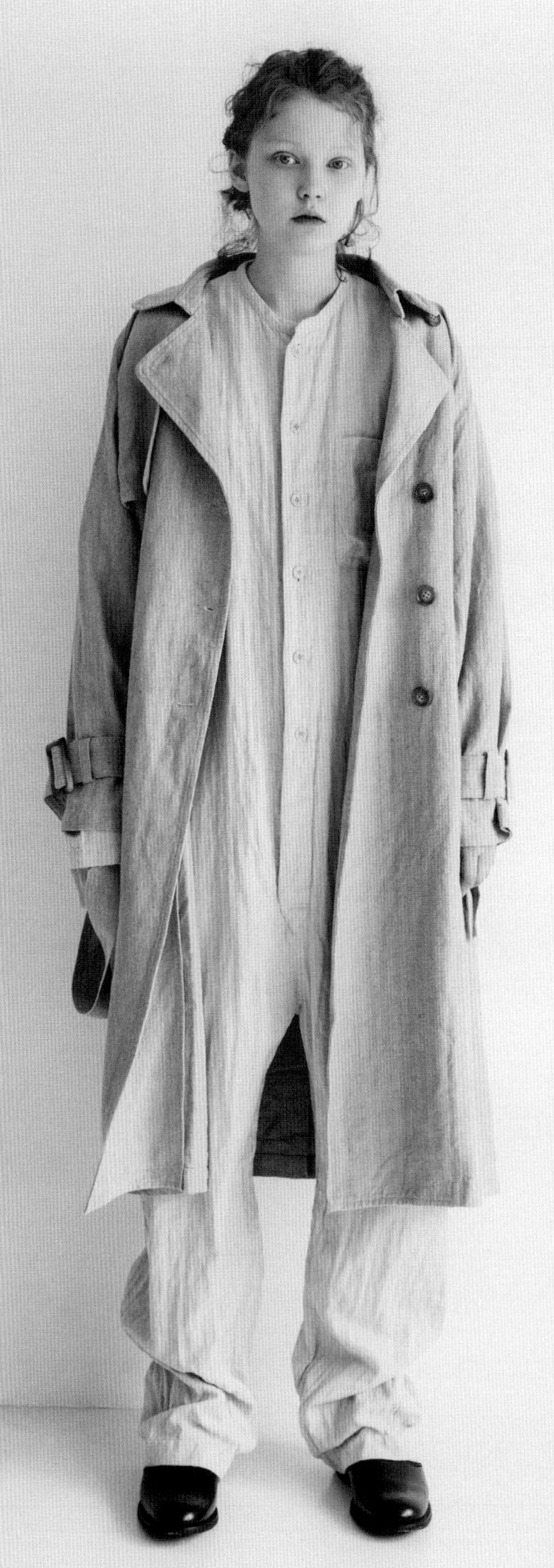

D

コットンの
ゆったりモッズコート

オーバーサイズなシルエットの、大人のキレイめモッズコート。ウエストと裾には、シルエットにメリハリがつけられるドロストコードを入れました。袖口のたっぷりしたブラウジングで女性らしさをプラス。ヴィンテージコートを着ているようなおしゃれ感もあります。取り外し可能なライナーをつけていろんなシーズンで楽しめます。

How to make：p.61

春秋用／裏地なし／ライナーあり

E-1

圧縮ニットの
あったかポンチョ

厚手の圧縮ニットで作ったふんわり暖かなフードポンチョ。長方形のブランケットを二つ折りしたようなシンプルな作りです。フードで首回りもあたたか。まちつきの大きなポケットがアクセント。たっぷりとした分量感なので、軽くて暖かいフリース生地で作るのもおすすめです。

How to make：p.68

冬用／裏地なし／ライナーあり

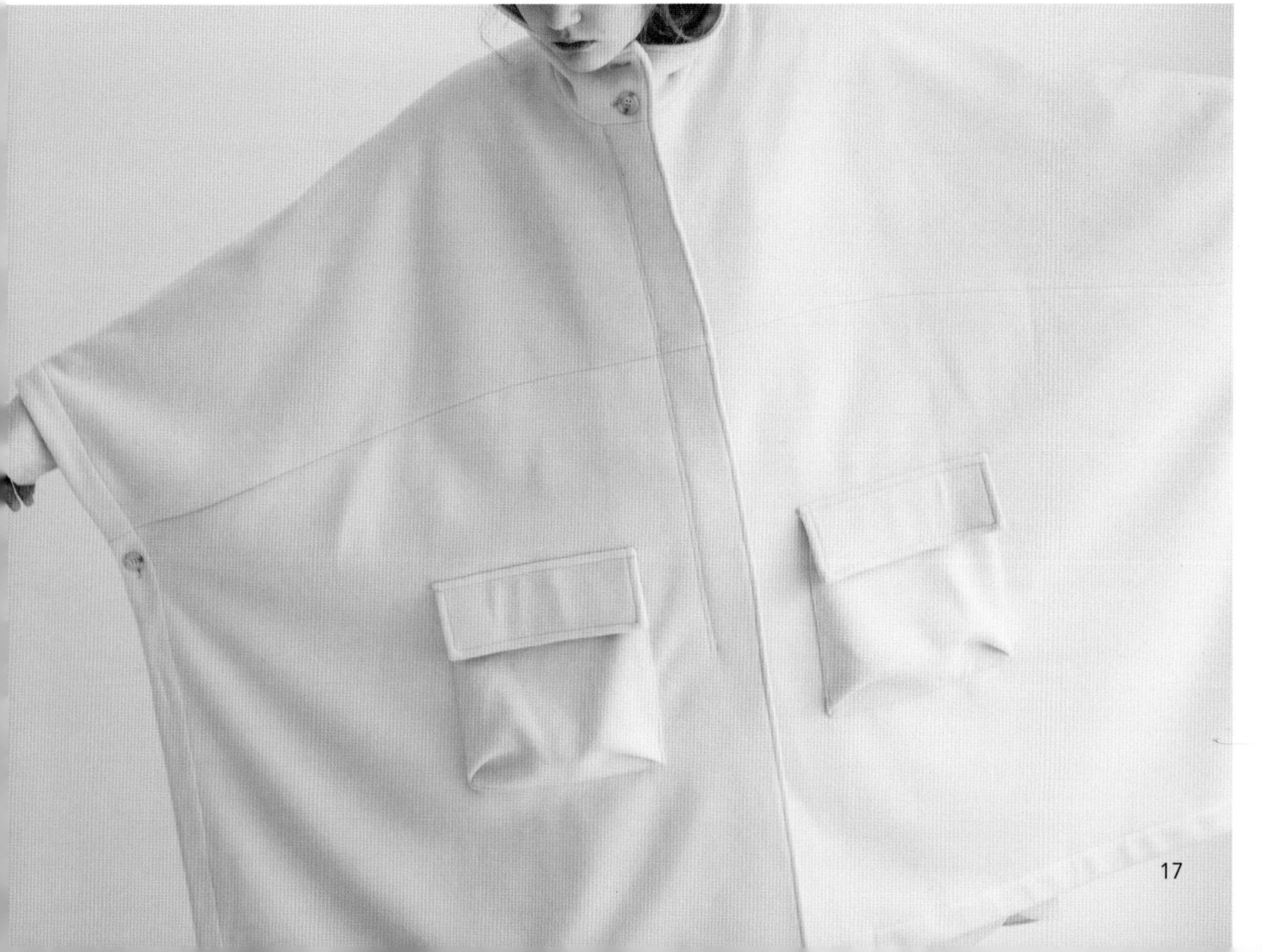

E-2

撥水ナイロンの
レインポンチョ（ポケッタブル）

撥水加工のナイロンで作ったレインポンチョ。フードで頭もカバーでき、身幅も広くゆったりとした着心地です。使用後はたたんで裏側のポケットに収納可能です。コンパクトで持ち運びしやすく、フェスやキャンプにも便利。きれいな色や柄物で作るのもおすすめです。

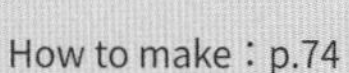
How to make：p.74

春秋用／裏地なし

F

キルティングライナーベスト

一枚着としてもライナーとしても使える中わたキルティングベスト。フロントのベルトで裏なしのコートに簡単に取りつけられます。好きな模様でキルティングを入れて、生地から作るのも楽しみのひとつ。縁とりのパイピングのカラーとキルティングの模様で自分だけのベストを作ってみてください。コットンやフリースなどで作っても。

How to make：p.78

E-2以外に取りつけできます。

TOWN

a

（左）「**C** リネンのニュー・トレンチコート」につけた白いチェックのライナ
（下）ライナー単独のスタイリングもおすすめです。

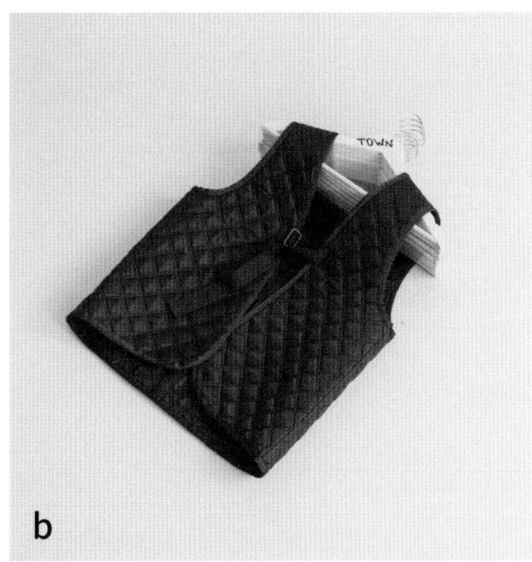
TOWN
b

(左)「**D** コットンのゆったりモッズコート」につけたパープルのライナー。
(下) いろいろと好きな色で作ってみましょう。

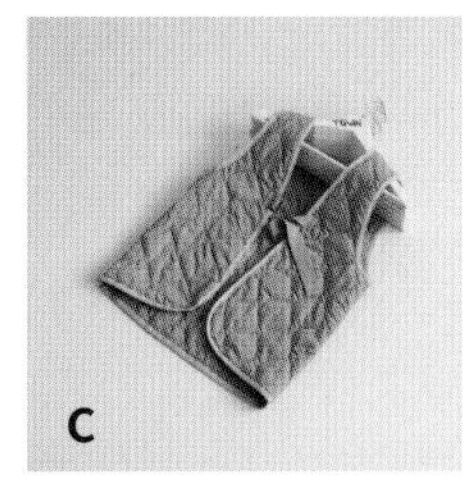
c

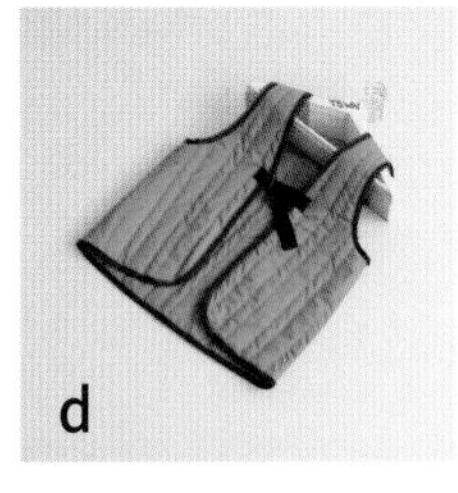
d

コートづくりのすすめ

— この本を手に取っていただいたみなさんに、本の見どころや楽しみ方をお伝えします。 —

木地谷
渡部

— コート好きが提案するコートの本

渡部 私も木地谷君も、実はコート好きなんです。アイテムとしても魅力的だし、縫うプロセスまでもが好き(笑)

木地谷 私物のコートは自作のものも多いよね。そんなコート好きの僕たちだからこそ提案できるコートの本をお届けします！

渡部 今までの本ではシンプルなコートを発表していたのですが、今回はコートオンリーということで気合が入りました！ファッションのスタイルが多様化している今、どんなテイストにも合うようなデザインを熟考しました。**年齢やテイストに縛られず、ユニセックスで着られることもポイントです。**

木地谷 トラッドなままのコートではなく、今僕たちが着たい気分をじっくり考えて、**バフッとはおれるような今かわいいボリューム感、長めの丈、そして自由な布地。**シルエットのよさだけではなくて、例えば、電車に乗ったときにつり革をつかみやすい、とか、厚手のインナーを着てもモコモコしない、とか、着心地のよさも大事にしています。

— ホームソーイングに本格仕様を

木地谷 「シャツやワンピースは作れても、コートは無理！」という声をよく聞くんですが、実際のところ、**シャツを縫える人ならコートもきっとすぐにクリアできるはずです。**

渡部 そうそう。コートってワンピースの前を開いたようなアイテムなので、洋裁教室の生徒さんたちも、想像していたよりも作りやすい、と驚くんですよね。

木地谷 あと、冬の素材で作る場合に「裏地のつけ方」をずっとお伝えしたいなと思っていたので、今回の表紙になっているチェックのテーラードコートに総裏地をつけました。**裏地の展開方法をしっかりと書きました**ので、ぜひトライしてみてください。

渡部 少し大変かもしれませんが、裏地をつけることによって、表布の縫い代始末が少しだけラクになるというメリットもあります。やっぱり裏地をつくるのが難しい場合は、裏地なしでもつくれます。

テーラードコート

P32-33 に
裏地の展開図解
があります！

木地谷 コートの本として大切にしたのは、**ホームソーイングだけど、商業的なコートの仕様から離れすぎないこと！**削ぎ落としすぎず、いつも僕が仕事現場で提供している本格的なパターンから離れすぎないことというところに注力しました。

渡部 モッズコートのマチ付きパッチポケットとか、トレンチコートのガンフラップなど、本格的な仕様をホームソーイング向けに、簡単にしたりもしています。

モッズコート
マチ付き
パッチポケット
ガンフラップ
トレンチ
コート

― 布選びは自由に！

渡部
ソーイングは本来自由なものだから、**この布地でなければいけないということはないので、自分が好きだなという感覚で**セレクトしてほしいです。テーラードコートは大きめの赤いチェック柄を使おうとか、トレンチコートはお決まりのコットンツイルじゃなくて、今着たいグレーのリネンを使おうとか。読者のみなさんと好きな布地で作る楽しさを共有できたらうれしいです。

木地谷
そうですね。コートを購入するときになかなかチャレンジできない柄や素材ってあると思いますが、ホームソーイングだからこそ勇気をもってチャレンジしてほしいです。

渡部
柄の布地は、柄合せしないと……と思いがちですが、大きな柄などは、柄合せも気にせず、逆に柄の崩れをねらってパターンをつなげてカットするのもおもしろいです。

木地谷
たとえば「ウールのゆったりドルマンコート」などは、身頃と袖が続いているパターンなので、あえて大きな横ボーダーの布地を使用して、ボーダー柄の動きを楽しんだりしています。

ドルマンコート

渡部
あと、お伝えしたいのは、**実はウールってとても縫いやすい**んです。一見、縫製が難しく思われそうですが、針穴が目立たないという利点があります！

木地谷
そうですね、ウールはいい意味でいろいろと隠せます（笑）。そんなところからも、ウール地への親しみをもっていただけるといいかもしれませんね。そして、これはウールに限らずですが、縫うたびにアイロンを当てることがきれいな仕上りにつながります。

渡部
うん、アイロンはとっても大事ですね。

― デザインのおもしろさと実用性

渡部
カタチとして、おもしろく仕上がったなと思うのがポンチョ。着た状態で手を広げると真四角ですが、腕を下げるとたっぷりと落ち感が出てとてもかわいく仕上がったと思います。レインポンチョはポケッタブルで雨の時なんて、ほんとうに使い勝手がよくておすすめです！

ポンチョ

渡部
それから、**今回の裏の主役と言ってもいいのがライナー。**中厚のリネンなどでつくった場合、防寒の面で少し心配ですが、このライナーをコートにセットすれば、寒い時期にも着られて長いシーズン活用できるコートになります。

木地谷
ライナーの素材となるキルティングって、市販品のバリエーションが少ないんです。だったら、キルティングの布地からつくってしまおうと。ミシンステッチで直線柄と曲線柄を提案しています。
※パープルのライナーは市販の布地

中わたとお好きな布地で、キルティングからつくれます！

キルティングのライナー

渡部
コートの色に合わせたキルティング地で、ライナーをたくさんつくってみてください。スタイリストの岡尾さんが提案してくださったライナー単体の着こなし（p.20）もかわいいですよ！

HOW TO MAKE

1 サイズの選び方

付録の実物大パターンは、size1、size 2 の 2 サイズになっています。参考寸法表を参考に自分のサイズを選びます。

◎参考寸法表（ヌード寸法）

（単位：cm）

	size1	size2
バスト	79 ～ 84	85 ～ 90
ウエスト	59 ～ 64	65 ～ 69
ヒップ	87 ～ 92	93 ～ 98
身長	154～166	

※size1は7～9号を、size2は11～13号を想定しています。

◎採寸箇所と採寸方法

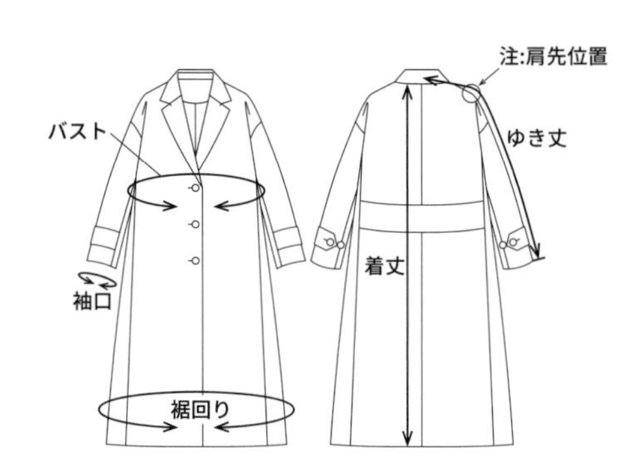
注:肩先位置
バスト
ゆき丈
着丈
袖口
裾回り

着丈…　後ろ中心の衿ぐりから裾まで。
バスト…袖ぐりの袖底位置で身頃を1周。
裾回り…ボタン（またはファスナー）を閉じた状態で裾端を1周。
ゆき丈…後ろ中心の衿ぐりから肩先を通って袖口まで(注)。
袖口…　袖口端を1周。

2 実物大パターンの使い方

パターンは縫い代つきになっています。ハトロン紙などの下の線が透ける程度の紙に写し取って使います。必要なパターンをチェックして、自分のサイズの縫い代線とその内側にある出来上り線の両方を写し、合い印、布目線（地の目）、ポケット位置、あき止り、パーツ名なども書き写します。蛍光ペンなどで線をなぞっておくと見やすくなります。パターンを写し取ったら縫い代線（外側の線）にそって、パターンを切り取りましょう。

[パターン内の記号]

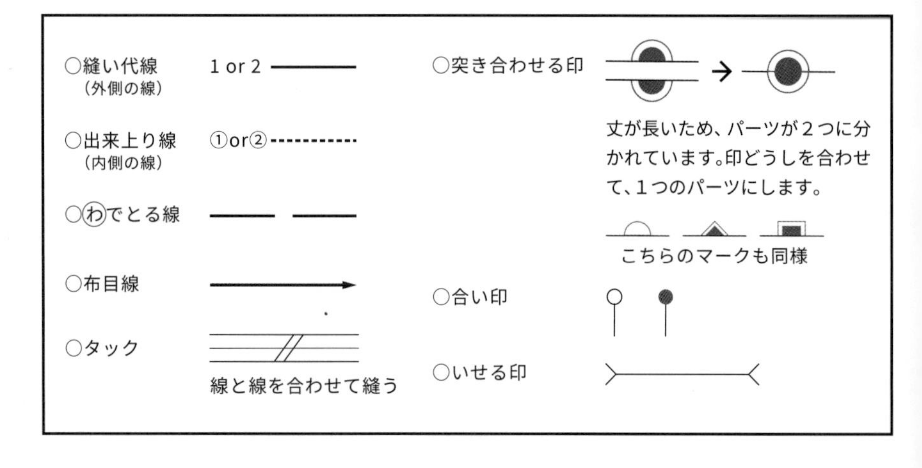
○縫い代線
（外側の線）
1 or 2
○出来上り線
（内側の線）
①or②
○わでとる線
○布目線
○タック
線と線を合わせて縫う
○突き合わせる印
丈が長いため、パーツが２つに分かれています。印どうしを合わせて、1つのパーツにします。
こちらのマークも同様
○合い印
○いせる印

3 布地の下準備

◎ウールの場合

ウール生地は水通しをしません。その代わりに、簡易な縮絨をして布地を安定させましょう。布地を広げて全体にまんべんなく霧吹きをかけ（片面でよい）、大きめのポリ袋に入れ、口をしっかり結んで閉じます。そのまま一晩寝かせ、翌日、アイロンをかけて乾かします。

◎コットン、リネンの場合

コットンやリネンは洗うと縮みますので、裁断する前に水通しをしましょう。布地が浸かる量の水に 1 時間ほど浸してから、洗濯機で軽く脱水し、陰干しの後、生乾きの段階でアイロンをかけます。

4 布地の裁断

本書の裁合せ図は size1 のパターンを置いた状態になっています。
裁合せ図を参照して、布地の上にパターンを配置します。
つくるサイズ・使用する布地幅・柄によって、パターンの配置や布地の用尺が変わる場合があります。
使用するすべてのパターンを置いて、布地に入ることを確認してから裁断しましょう。

5 印つけ

裁断をしたら、布地の周囲に合い印を入れていきます。これは縫い合わせる時の目印になります。
パーツの周囲には、縫い代の始末によって、切込み（ノッチ）と切りじつけを使い分けます。
パターンの内側にある印（ダーツ止り、ボタンつけ位置、ポケットつけ位置など）はチョークペーパーとルレットを使って印をつけます。

◎切込み（ノッチ）

ジグザグミシンやロックミシンで始末する場合

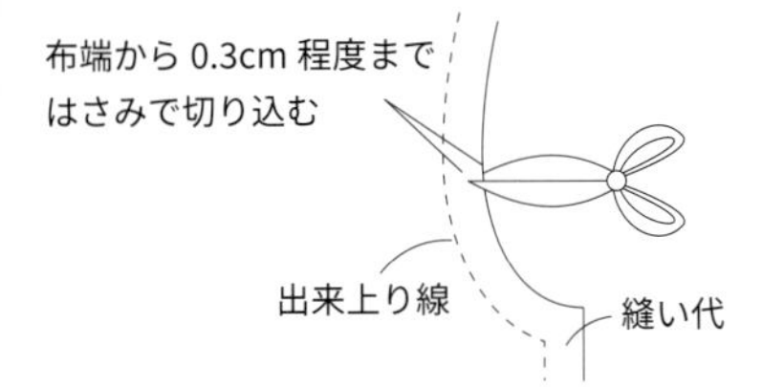
布端から 0.3cm 程度まで
はさみで切り込む
出来上り線
縫い代

◎切りじつけ

縫い代端をパイピング始末にする場合

しつけ糸 3 ～ 4 本どりで
パイピングに隠れない位置に
0.3cm 程度布地をすくう

0.3cm

縫い代

出来上り線

両端の糸 0.3cm ほどを残して切り落とし、
糸を抜けにくくするために
アイロンで押さえる

6 ミシン縫いの前に

ミシン針とミシン糸は、布地の厚みに合ったものを使用しましょう。
縫う前に必ず端切れで試し縫いをして、針の太さや糸調子を確認します。

◎ミシン針

■ 厚みがあってざっくり織られている冬素材→14 番ミシン針
p.08 ウールのドルマンコート
p.16 圧縮ニットのポンチョ

■ そのほかの素材→11 番ミシン針
コート生地は厚みが普通でも、手触りが硬い布地もあり 11 番では糸調子がとれないこともあります。

◎ミシン糸

■ 基本的には通常の 60 番を使用
ステッチを目立たせたい場合は、ステッチ部分のみ 30 番にしてもよいでしょう。

◎針目の大きさ

■ 基本的に 3cm に 12～14 目程度が目安
■ ウールや圧縮ニットのように布地自体に伸縮性がある場合は、3cm に 11～13 目の少し広めの針目

[きれいに仕上げるポイント]

1か所縫うごとに、縫い目と縫い代にアイロンをかけましょう。
まとめてアイロンをかけるとアイロンがかけづらい部分が出てくるため、縫うごとにアイロンをかけると仕上りがきれいになります。

共通の仕様

A 接着芯をはる

接着芯は熱を加えると縮む傾向にあります。
パターンどおりに裁断してから接着芯をはると、パターンより小さくなってしまうことがあるので
布地を仮裁断して接着芯をはってから、その後正しく裁断し直すようにしましょう。

◎パーツの全面にはる場合

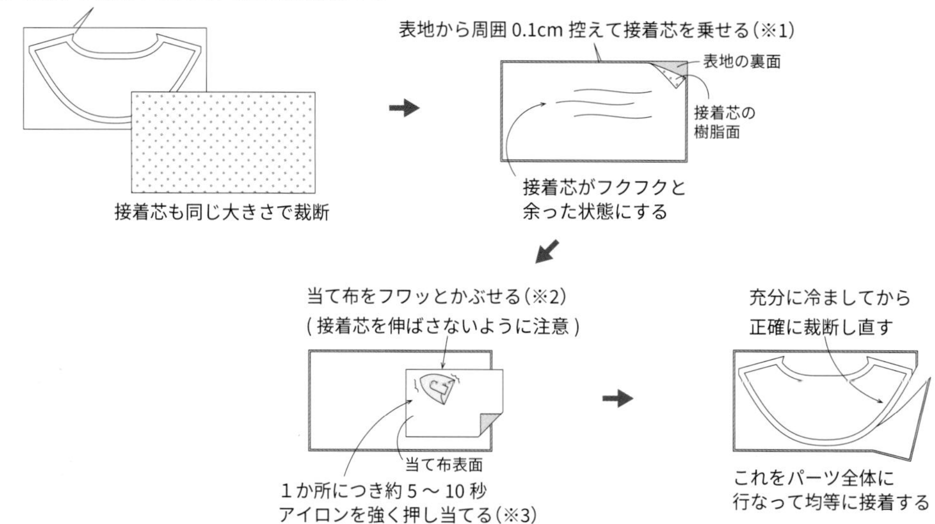
表地は、縫い代端から1cmくらい大きく四角に仮裁断する
接着芯も同じ大きさで裁断
表地から周囲0.1cm控えて接着芯を乗せる(※1)
表地の裏面
接着芯の樹脂面
接着芯がフクフクと余った状態にする
当て布をフワッとかぶせる(※2)
(接着芯を伸ばさないように注意)
当て布表面
1か所につき約5〜10秒
アイロンを強く押し当てる(※3)
充分に冷ましてから
正確に裁断し直す
これをパーツ全体に
行なって均等に接着する

※1　接着芯は熱を加えると縮む傾向にあるため、周囲を0.1cm控えて(少し接着芯が余っている状態で)接着芯をはるときれいに仕上がります。

※2　当て布は薄手の綿素材(綿ローンetc.)の切れ端で充分です。

※3　アイロンの温度・圧力・時間は素材によって違います。
必ず余り布で試しばりをして、接着強度は充分か、表地の変色はないか、表面に接着樹脂がしみ出していないかを必ず確認してください。

◎パーツの一部分にはる場合

■ 接着芯をはる部分が小さいとき

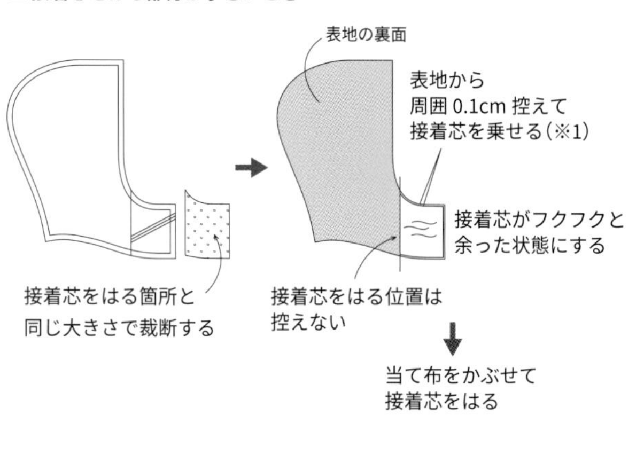
表地の裏面
表地から
周囲0.1cm控えて
接着芯を乗せる(※1)
接着芯がフクフクと
余った状態にする
接着芯をはる箇所と
同じ大きさで裁断する
接着芯をはる位置は
控えない
当て布をかぶせて
接着芯をはる

■ 接着芯をはる部分が縦長のとき

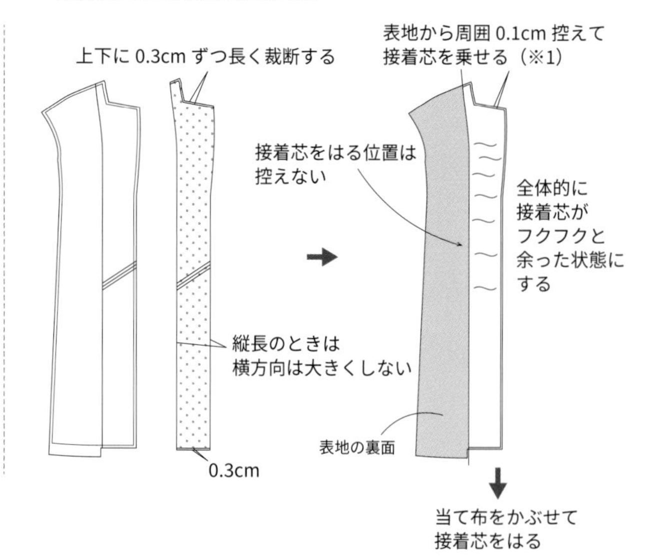
上下に0.3cmずつ長く裁断する
表地から周囲0.1cm控えて
接着芯を乗せる(※1)
接着芯をはる位置は
控えない
全体的に
接着芯が
フクフクと
余った状態に
する
縦長のときは
横方向は大きくしない
表地の裏面
0.3cm
当て布をかぶせて
接着芯をはる

B 伸び止めテープをはる

衿ぐりや袖ぐりなどカーブしている部分には
1cm 幅のハーフバイアステープを使用します。

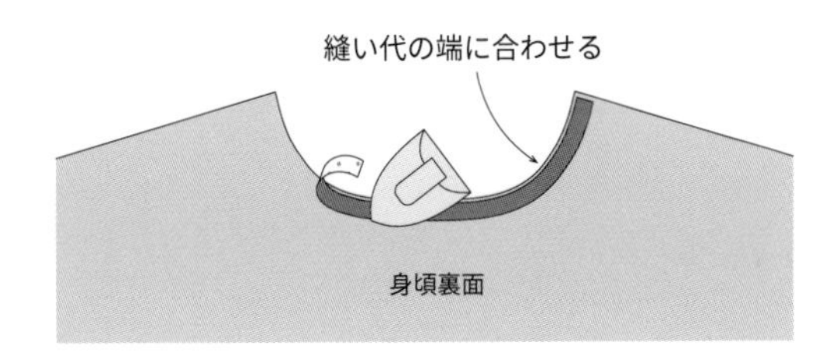
縫い代の端に合わせる
身頃裏面

ポケット口や肩線など伸びをしっかり止めたい部分には
1cm 幅のストレートテープを使用します。

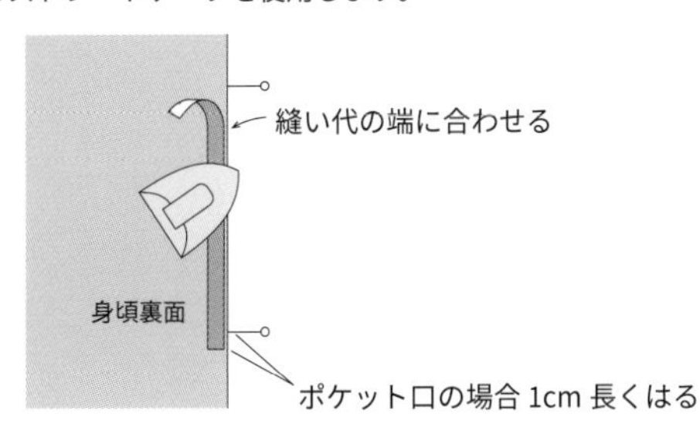
縫い代の端に合わせる
身頃裏面
ポケット口の場合 1cm 長くはる

C 縫い代をパイピング始末にする

縫い代始末には、ジグザグミシン・ロックミシン・パイピングなどいくつか種類がありますが、
コートは人前で脱ぐ機会が多いアイテムなのでぜひパイピングで縫い代を始末して、
「裏が見えても素敵な始末」に挑戦してみてください。

本書では、既製のバイアステープ「四つ折り 8mm」を使用しました。

8mm　片側が広く折られている

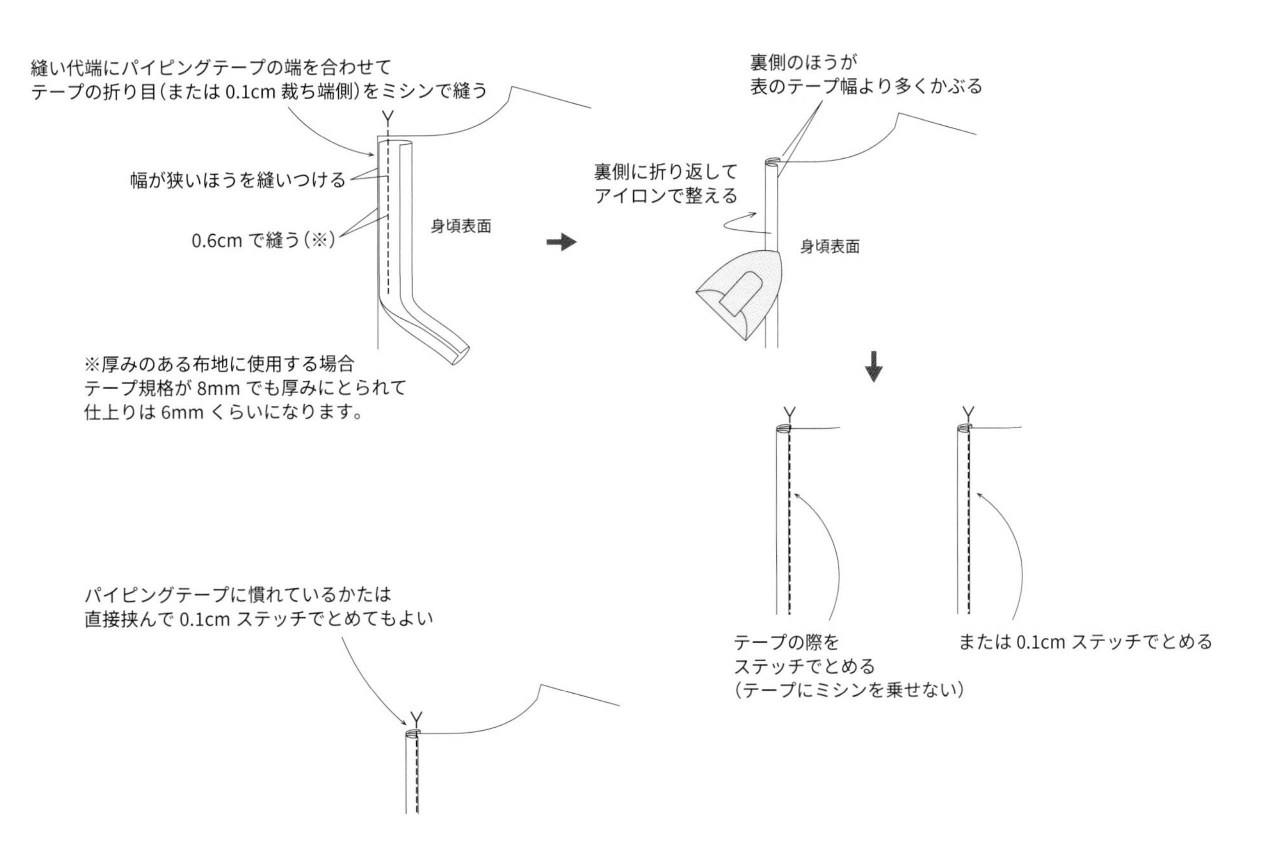
縫い代端にパイピングテープの端を合わせて
テープの折り目（または 0.1cm 裁ち端側）をミシンで縫う
幅が狭いほうを縫いつける
0.6cm で縫う（※）
身頃表面
※厚みのある布地に使用する場合
テープ規格が 8mm でも厚みにとられて
仕上りは 6mm くらいになります。
裏側のほうが
表のテープ幅より多くかぶる
裏側に折り返して
アイロンで整える
身頃表面
テープの際を
ステッチでとめる
（テープにミシンを乗せない）
または 0.1cm ステッチでとめる
パイピングテープに慣れているかたは
直接挟んで 0.1cm ステッチでとめてもよい

D 手まつり

手まつりは、目的によって縫い方が異なります。ここでは本書で使用した３種類の縫い方をご紹介します。

◎まつり縫い

表には糸が目立たず、端はしっかりととめることができます。

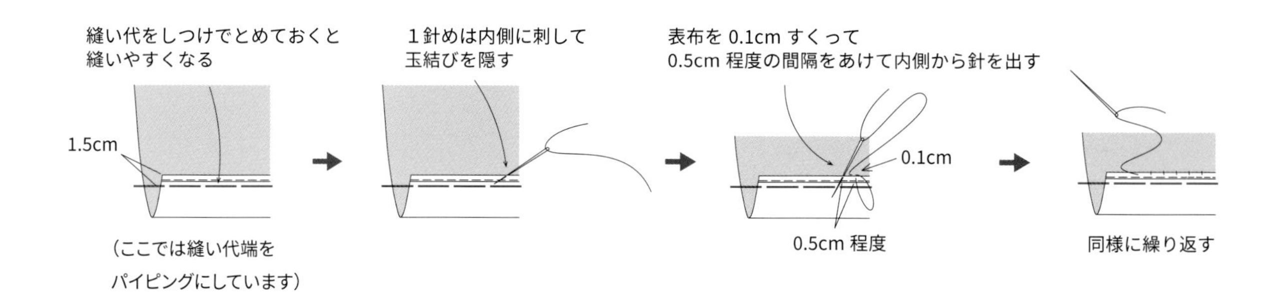

縫い代をしつけでとめておくと
縫いやすくなる
1.5cm
（ここでは縫い代端を
パイピングにしています）
１針めは内側に刺して
玉結びを隠す
表布を 0.1cm すくって
0.5cm 程度の間隔をあけて内側から針を出す
0.1cm
0.5cm 程度
同様に繰り返す

◎奥まつり

裏から見ても糸が見えず、糸への引っかかりも少なくすっきり仕上がります。

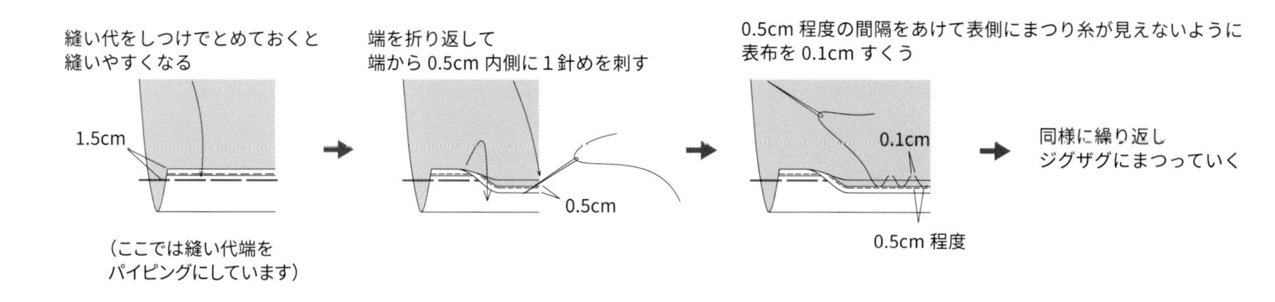

縫い代をしつけでとめておくと
縫いやすくなる
1.5cm
（ここでは縫い代端を
パイピングにしています）
端を折り返して
端から 0.5cm 内側に１針めを刺す
0.5cm
0.5cm 程度の間隔をあけて表側にまつり糸が見えないように
表布を 0.1cm すくう
0.1cm
0.5cm 程度
同様に繰り返し
ジグザグにまつっていく

◎千鳥がけ

厚みのある布地を上から押さえたり、伸縮する布地の裾上げなどに向いています。

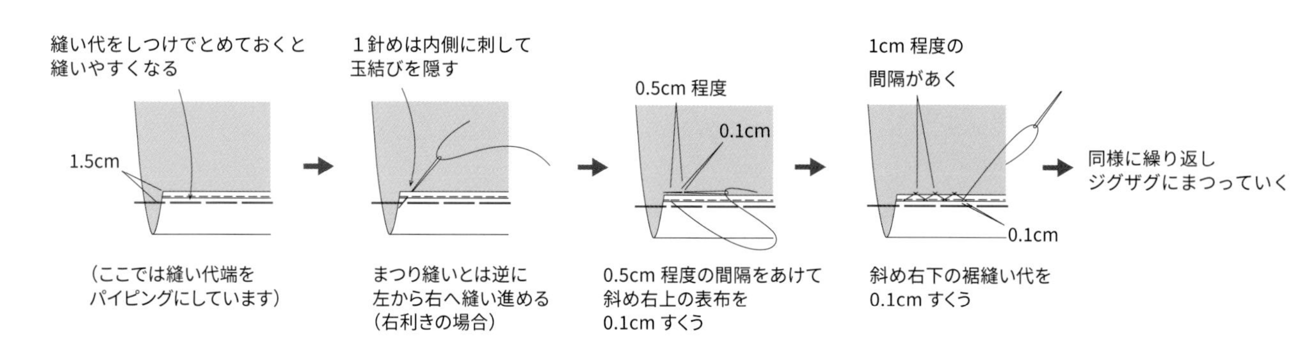

縫い代をしつけでとめておくと
縫いやすくなる
1.5cm
（ここでは縫い代端を
パイピングにしています）
１針めは内側に刺して
玉結びを隠す
まつり縫いとは逆に
左から右へ縫い進める
（右利きの場合）
0.5cm 程度
0.1cm
0.5cm 程度の間隔をあけて
斜め右上の表布を
0.1cm すくう
1cm 程度の
間隔があく
0.1cm
斜め右下の裾縫い代を
0.1cm すくう
同様に繰り返し
ジグザグにまつっていく

E コート本体にライナー取り外し用テープをつける

本書ではライナーの取り外し用に 3.5cm 幅のグログランテープと線コキを使用しています。
図解は p.43 のドルマンコートを例にしています。

◎左前見返しに線コキをつける

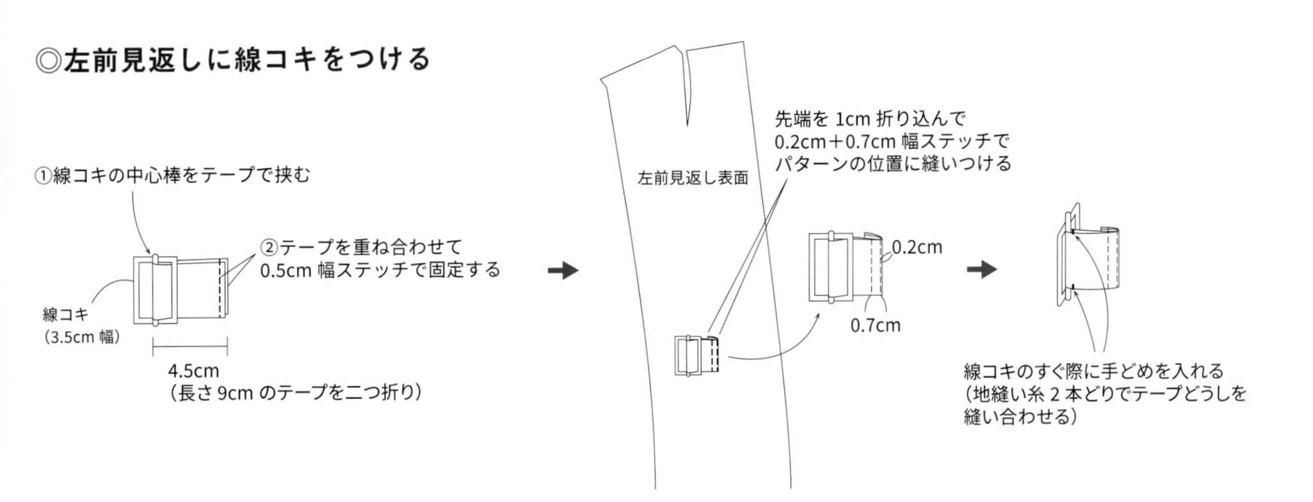

①線コキの中心棒をテープで挟む
②テープを重ね合わせて
0.5cm 幅ステッチで固定する
線コキ
(3.5cm 幅)
4.5cm
(長さ 9cm のテープを二つ折り)
左前見返し表面
先端を 1cm 折り込んで
0.2cm＋0.7cm 幅ステッチで
パターンの位置に縫いつける
0.2cm
0.7cm
線コキのすぐ際に手どめを入れる
(地縫い糸 2 本どりでテープどうしを
縫い合わせる)

◎右前見返しにテープをつける

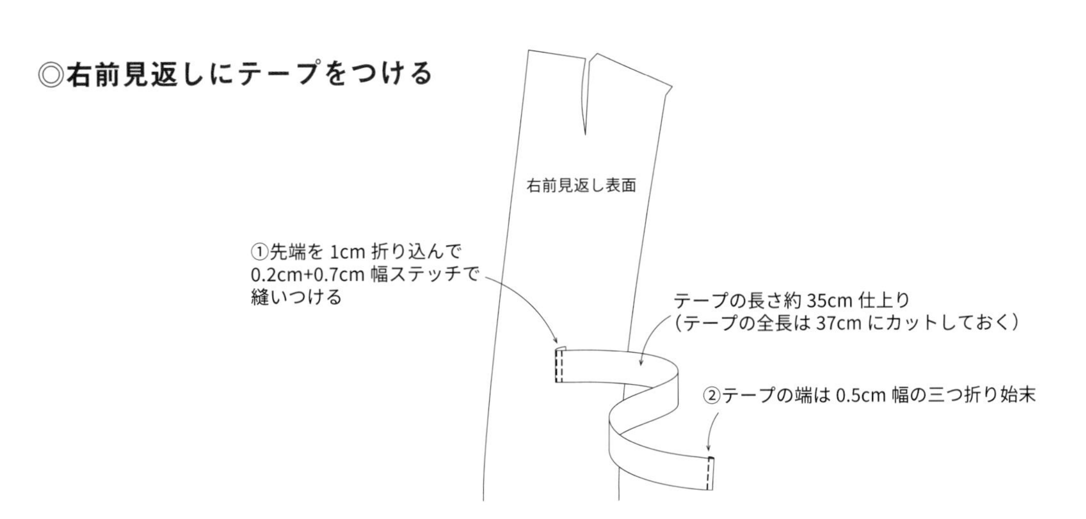

右前見返し表面
①先端を 1cm 折り込んで
0.2cm+0.7cm 幅ステッチで
縫いつける
テープの長さ約 35cm 仕上り
(テープの全長は 37cm にカットしておく)
②テープの端は 0.5cm 幅の三つ折り始末

◎後ろ衿ぐり見返し(または後ろ衿ぐり)にボタンホールをつける

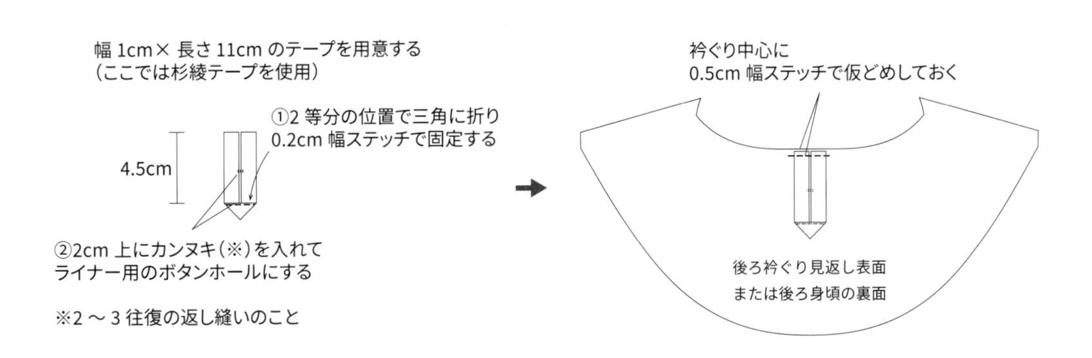

幅 1cm× 長さ 11cm のテープを用意する
(ここでは杉綾テープを使用)
①2 等分の位置で三角に折り
0.2cm 幅ステッチで固定する
4.5cm
②2cm 上にカンヌキ(※)を入れて
ライナー用のボタンホールにする
※2 ～ 3 往復の返し縫いのこと
衿ぐり中心に
0.5cm 幅ステッチで仮どめしておく
後ろ衿ぐり見返し表面
または後ろ身頃の裏面

A-1 ウールのビッグテーラードコート photo(p.04)

実物大パターン 1表

仕上りサイズ　左から size1 / size2

着丈　119.5 / 122.5cm
バスト　130.5 / 136.5cm
裾回り　158 / 164cm
ゆき丈　79 / 82cm
袖口　30 / 32cm

材料（冬素材）

表地：チェックツイード　150cm幅
420cm（size1） / 450cm（size2）
（参考商品　新宿オカダヤ）
接着芯①普通（90cm幅）　200cm
接着芯②硬め（90cm幅）　50cm
裏地：122cm幅　310cm（size1） / 320cm（size2）
伸び止めテープ（1cm幅ハーフバイアス）　200cm
伸び止めテープ（1cm幅ストレート）　110cm
ボタン（直径2.3cm）　7個

つくり方順序（p.34〜36参照）

※事前に裏地のパターンをつくっておく（p.32参照）
①接着芯と伸び止めテープをはる（p.26-27-A・B参照）
②後ろベルトと袖口ベルトをつくる
（p.39-③参照　0.7cmステッチなし）
③脇ポケットを脇線縫いの手前までつける（p.46-②参照）
④肩線を縫う
⑤袖山を縫う
⑥前後パネルラインを縫って、ポケットを仕上げる
⑦裏地をつくる
⑧裏地の裾始末をして、見返しと縫い合わせる
⑨衿をつける（p. 40-⑧参照）
⑩衿と前端を縫い返す（p. 41-⑨参照）
⑪袖口の表地と裏地を縫い合わせる
⑫裏地の中とじをする
⑬裾始末をする
⑭ボタンホールをあけて、ボタンをつける
（p.42-⑪参照）

※裏地つきの正統派コートに仕上げました。
（裏地つきなので、ライナーはありません）

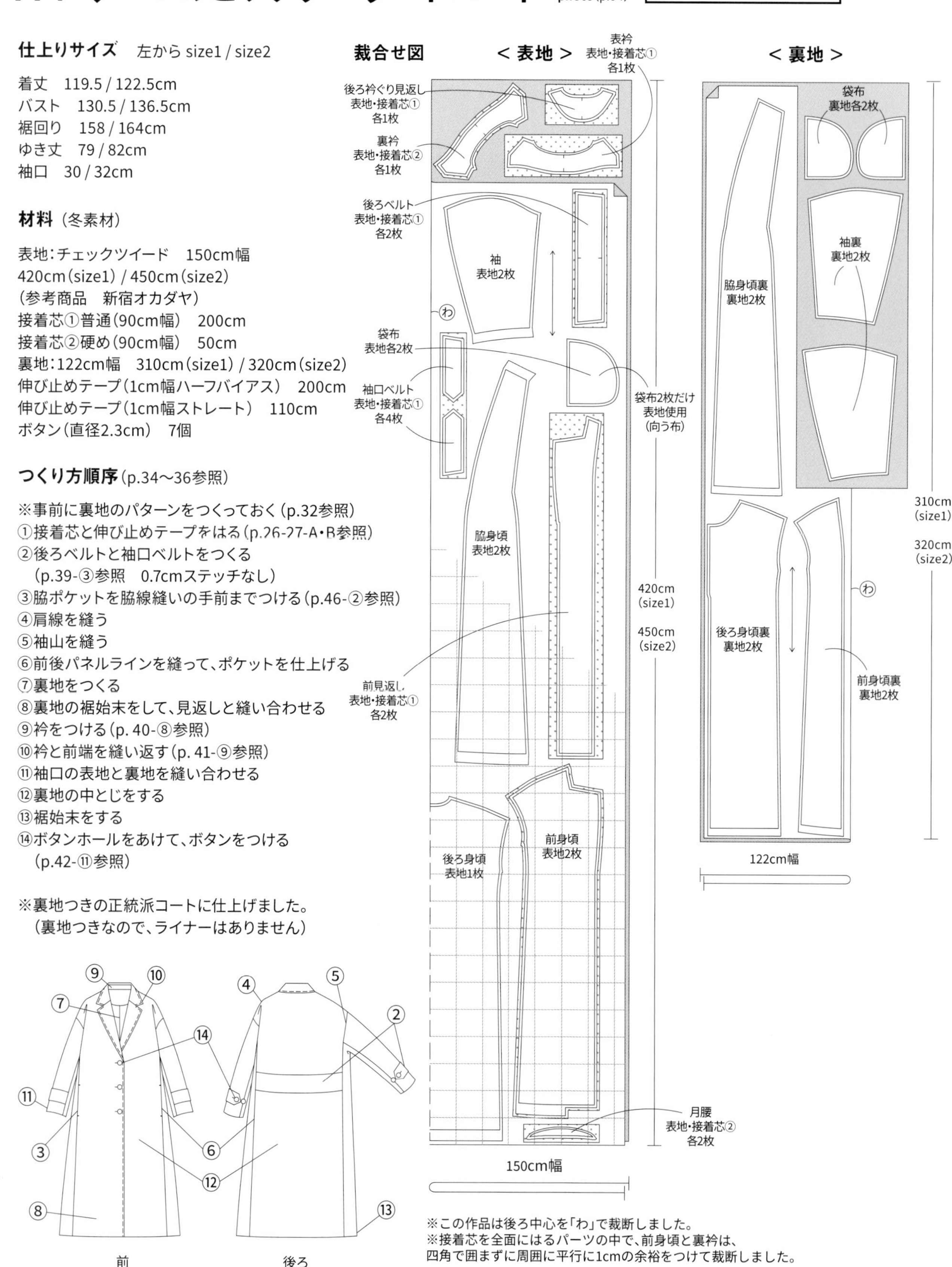

裁合せ図
＜表地＞
表衿
表地・接着芯①
各1枚
後ろ衿ぐり見返し
表地・接着芯①
各1枚
裏衿
表地・接着芯②
各1枚
後ろベルト
表地・接着芯①
各2枚
袖
表地2枚
わ
袋布
表地各2枚
袋布2枚だけ
表地使用
（向う布）
袖口ベルト
表地・接着芯①
各4枚
脇身頃
表地2枚
420cm
（size1）
450cm
（size2）
前見返し
表地・接着芯①
各2枚
後ろ身頃
表地1枚
前身頃
表地2枚
月腰
表地・接着芯②
各2枚
150cm幅
＜裏地＞
袋布
裏地各2枚
袖裏
裏地2枚
脇身頃裏
裏地2枚
310cm
（size1）
320cm
（size2）
わ
後ろ身頃裏
裏地2枚
前身頃裏
裏地2枚
122cm幅
⑨
⑩
⑦
⑭
⑪
③
⑧
④
⑤
②
⑥
⑫
⑬
前
後ろ

※この作品は後ろ中心を「わ」で裁断しました。
※接着芯を全面にはるパーツの中で、前身頃と裏衿は、
四角で囲まずに周囲に平行に1cmの余裕をつけて裁断しました。

接着芯、伸び止めテープをはる位置

◎接着芯をはる位置

裾・袖口を二つ折り＆手まつり始末にする場合

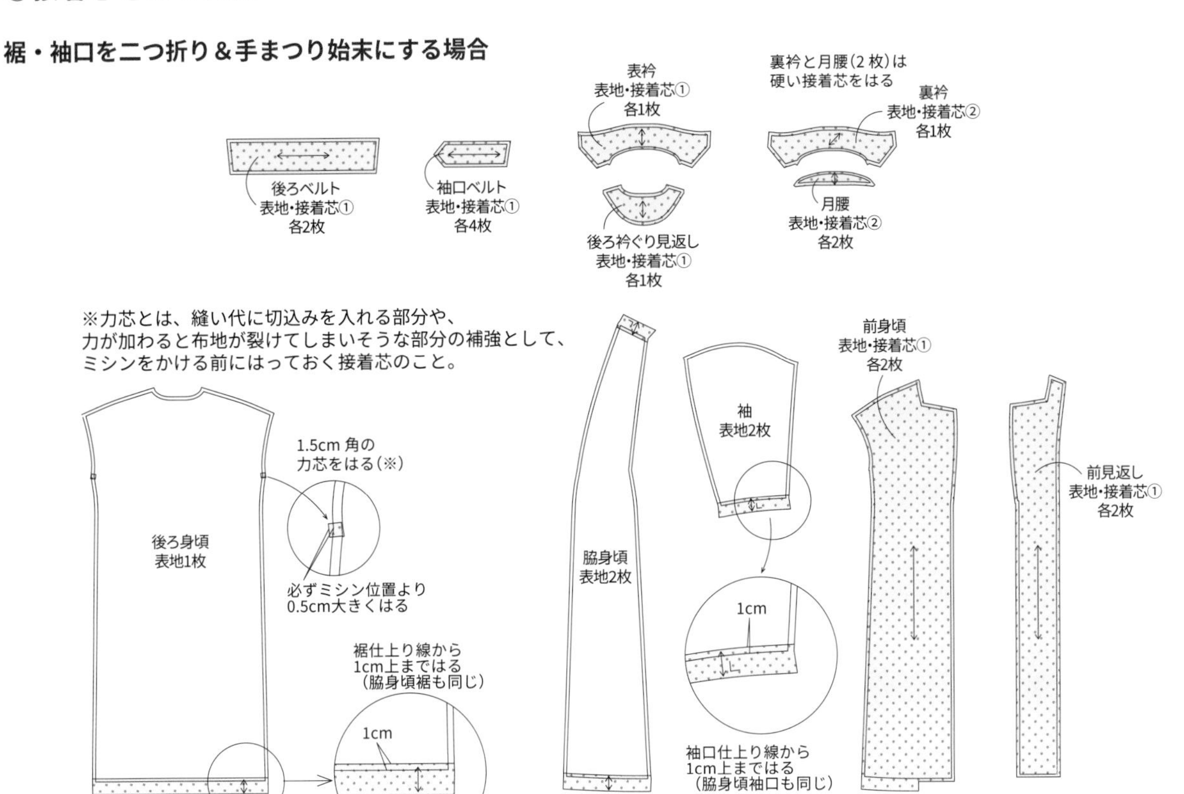

後ろベルト
表地・接着芯①
各2枚
袖口ベルト
表地・接着芯①
各4枚
表衿
表地・接着芯①
各1枚
後ろ衿ぐり見返し
表地・接着芯①
各1枚
裏衿と月腰（2枚）は
硬い接着芯をはる
裏衿
表地・接着芯②
各1枚
月腰
表地・接着芯②
各2枚
※力芯とは、縫い代に切込みを入れる部分や、
力が加わると布地が裂けてしまいそうな部分の補強として、
ミシンをかける前にはっておく接着芯のこと。
後ろ身頃
表地1枚
1.5cm 角の
力芯をはる（※）
必ずミシン位置より
0.5cm大きくはる
裾仕上り線から
1cm上まではる
（脇身頃裾も同じ）
1cm
脇身頃
表地2枚
袖
表地2枚
1cm
袖口仕上り線から
1cm上まではる
（脇身頃袖口も同じ）
前身頃
表地・接着芯①
各2枚
前見返し
表地・接着芯①
各2枚

◎伸び止めテープをはる位置

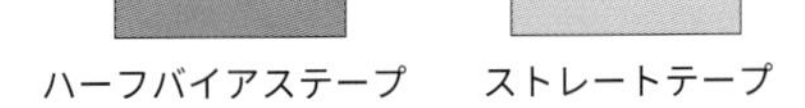

ハーフバイアステープ
ストレートテープ

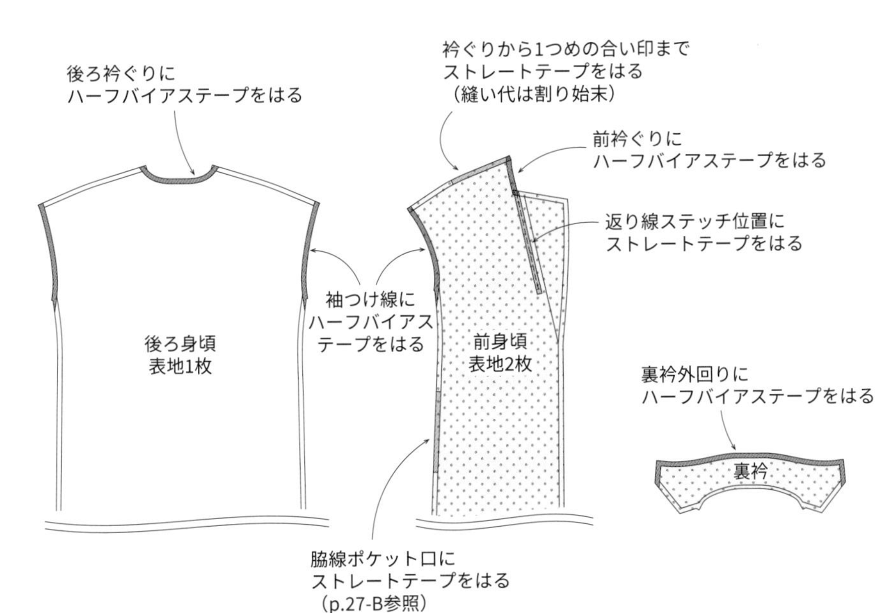

後ろ衿ぐりに
ハーフバイアステープをはる
衿ぐりから1つめの合い印まで
ストレートテープをはる
（縫い代は割り始末）
前衿ぐりに
ハーフバイアステープをはる
返り線ステッチ位置に
ストレートテープをはる
袖つけ線に
ハーフバイアス
テープをはる
後ろ身頃
表地1枚
前身頃
表地2枚
裏衿外回りに
ハーフバイアステープをはる
裏衿
脇線ポケット口に
ストレートテープをはる
（p.27-B参照）

裏地の展開図解

表地のパターンから展開して、裏地用のパターンを別につくります。

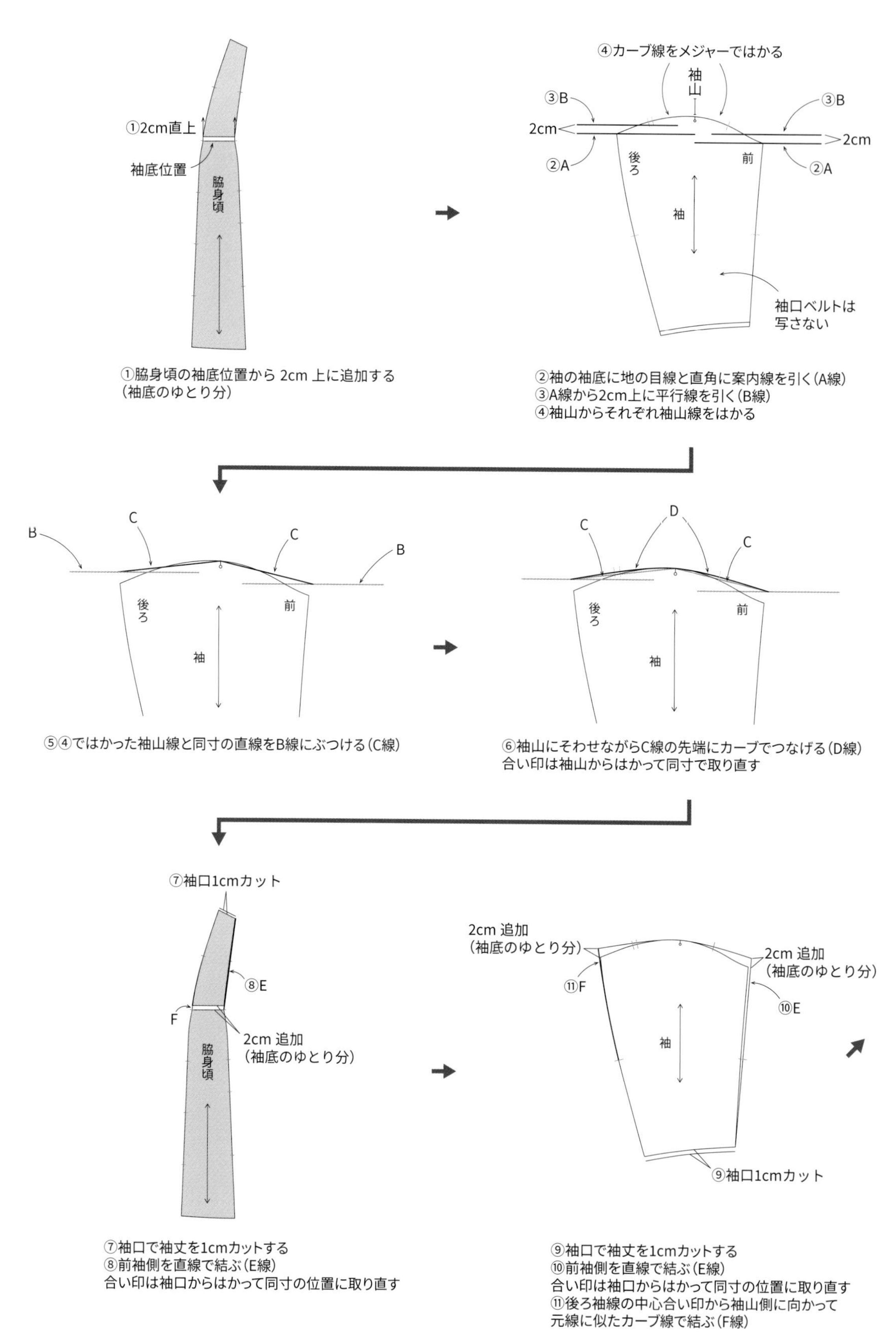

①2cm直上
袖底位置
脇身頃
④カーブ線をメジャーではかる
袖山
③B
③B
2cm
2cm
②A
②A
後ろ
前
袖
袖口ベルトは
写さない
①脇身頃の袖底位置から 2cm 上に追加する
（袖底のゆとり分）
②袖の袖底に地の目線と直角に案内線を引く（A線）
③A線から2cm上に平行線を引く（B線）
④袖山からそれぞれ袖山線をはかる
B
C
C
B
後ろ
前
袖
C
D
C
後ろ
前
袖
⑤④ではかった袖山線と同寸の直線をB線にぶつける（C線）
⑥袖山にそわせながらC線の先端にカーブでつなげる（D線）
合い印は袖山からはかって同寸で取り直す
⑦袖口1cmカット
⑧E
F
2cm 追加
（袖底のゆとり分）
脇身頃
2cm 追加
（袖底のゆとり分）
2cm 追加
（袖底のゆとり分）
⑪F
⑩E
袖
⑨袖口1cmカット
⑦袖口で袖丈を1cmカットする
⑧前袖側を直線で結ぶ（E線）
合い印は袖口からはかって同寸の位置に取り直す
⑨袖口で袖丈を1cmカットする
⑩前袖側を直線で結ぶ（E線）
合い印は袖口からはかって同寸の位置に取り直す
⑪後ろ袖線の中心合い印から袖山側に向かって
元線に似たカーブ線で結ぶ（F線）

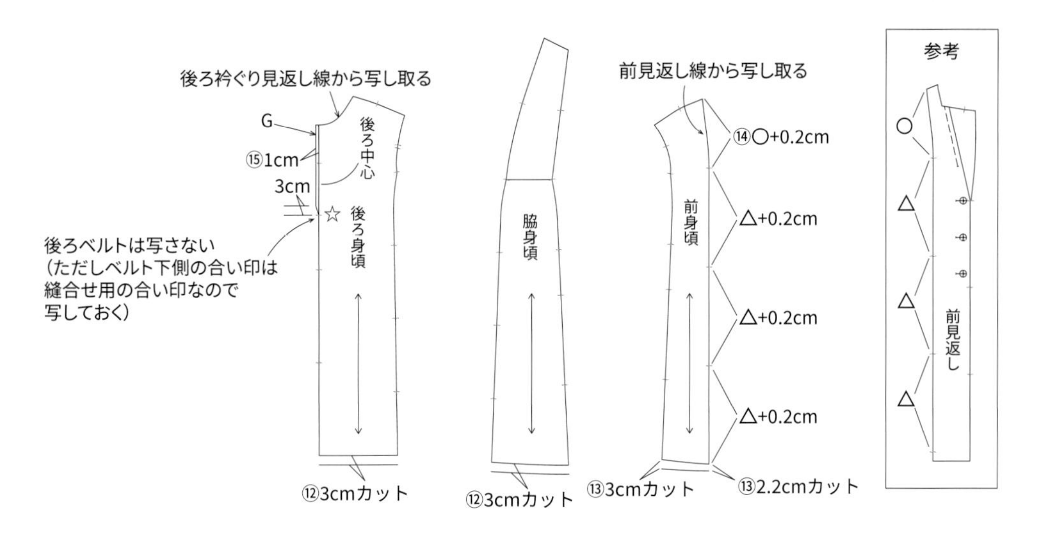

後ろ衿ぐり見返し線から写し取る
G
⑮1cm
3cm
後ろ中心
☆
後ろ身頃
後ろベルトは写さない
(ただしベルト下側の合い印は
縫合せ用の合い印なので
写しておく)
⑫3cmカット
脇身頃
⑫3cmカット
前見返し線から写し取る
⑭○+0.2cm
前身頃
△+0.2cm
△+0.2cm
△+0.2cm
⑬3cmカット
⑬2.2cmカット
参考
○
△
△
△
前見返し

⑫後ろ身頃裏と脇身頃裏は裾で着丈を3cmカットする
⑬前身頃裏は見返し線より脇側を写し取り、裾で着丈を脇側で3cm、見返し側で2.2cmカットする
⑭前身頃裏に見返しとの合い印を取り直す(各箇所に0.2cm足した寸法)(※1)
⑮後ろ中心から平行に1cmの線を引き
☆印より3cm短い位置と線をつなげて「キセ」にする(G線)(※2)

※1. ウールのように厚みがある布地と裏地を縫い合わせると裏地側が自然と縫い縮み、距離が不足してきます。この分を補うために裏地をあらかじめ長くしておきましょう。
※2. キセとは、表地と同形状で裏地をつくると、裏地が突っ張り動きにくい服になってしまいまうため、裏地にゆとりを加えて着心地をよくするための操作です。また、ぴりつきやすい裏地の縫い目を隠して裏地をきれいに仕上げる目的も兼ねています。

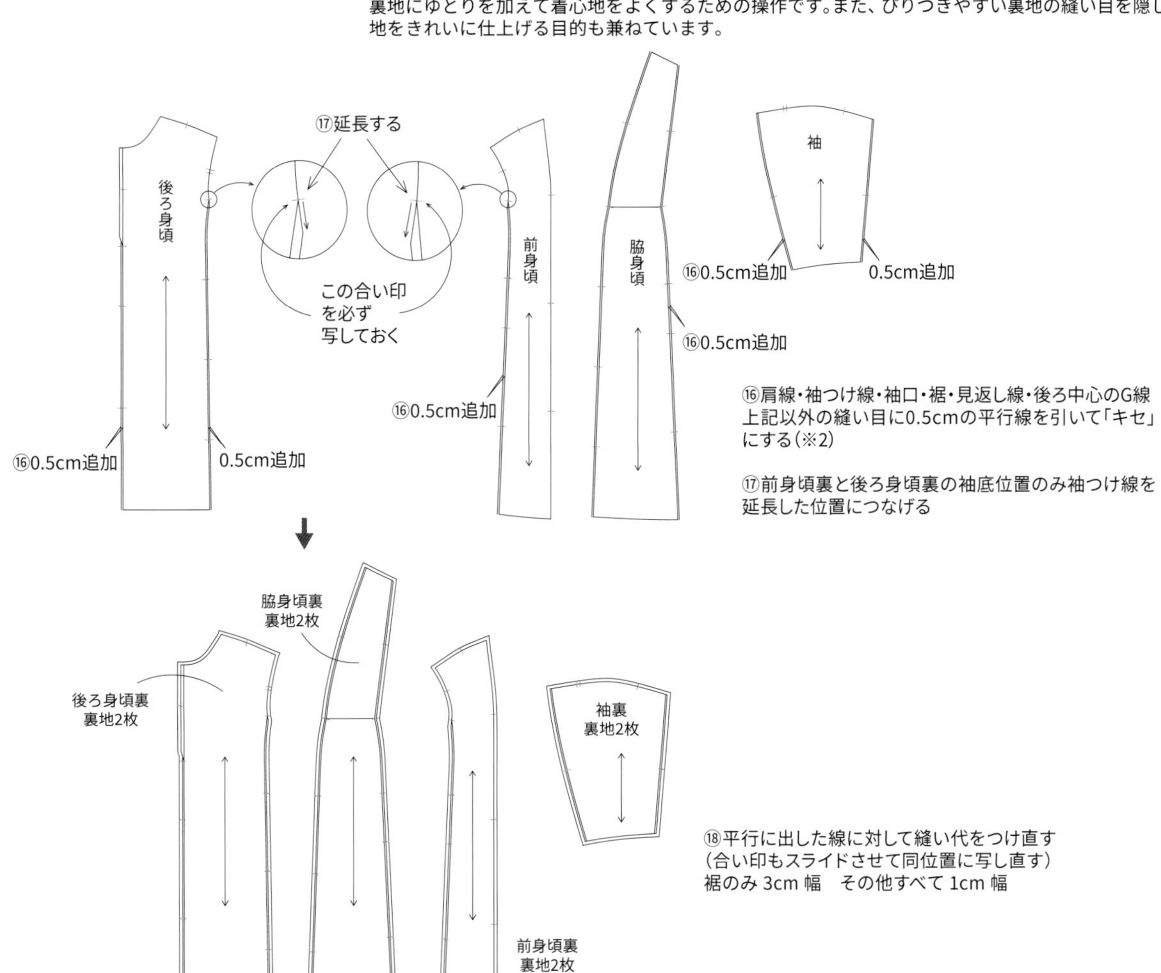

⑰延長する
後ろ身頃
この合い印
を必ず
写しておく
前身頃
脇身頃
袖
⑯0.5cm追加
0.5cm追加
⑯0.5cm追加
⑯0.5cm追加
⑯0.5cm追加
0.5cm追加
脇身頃裏
裏地2枚
後ろ身頃裏
裏地2枚
袖裏
裏地2枚
前身頃裏
裏地2枚
3cm
その他1cm

⑯肩線・袖つけ線・袖口・裾・見返し線・後ろ中心のG線
上記以外の縫い目に0.5cmの平行線を引いて「キセ」
にする(※2)

⑰前身頃裏と後ろ身頃裏の袖底位置のみ袖つけ線を
延長した位置につなげる

⑱平行に出した線に対して縫い代をつけ直す
(合い印もスライドさせて同位置に写し直す)
裾のみ 3cm 幅　その他すべて 1cm 幅

つくり方

④肩線を縫う

❶肩線を1cmで縫う

後ろ身頃
表面

前身頃裏面

ジグザグミシンはなし(※)

※裏地つきの場合、裾から見える縫い代(後ろ中心・脇線)以外は、ジグザグミシンをかけなくてもよい。

前身頃裏面

後ろ身頃
裏面

❷縫い代を割って
アイロンで整える

❸見返しの肩線を
1cmで縫って
縫い代を割る

後ろ衿ぐり
見返し裏面

前見返し
裏面

⑤袖山を縫う

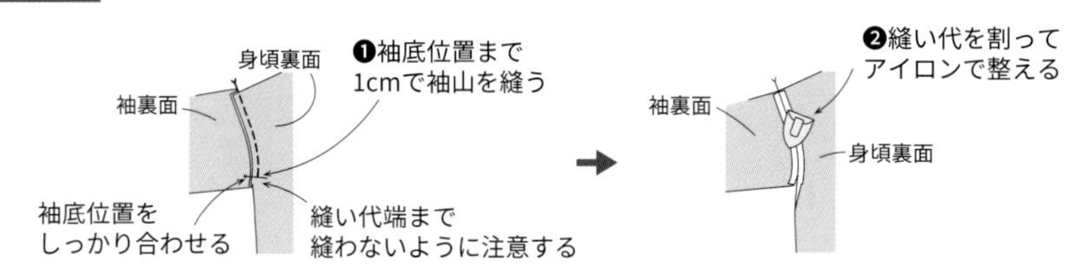

身頃裏面
袖裏面
❶袖底位置まで
1cmで袖山を縫う
袖底位置を
しっかり合わせる
縫い代端まで
縫わないように注意する
❷縫い代を割って
アイロンで整える
袖裏面
身頃裏面

⑥前後パネルラインを縫って、ポケットを仕上げる

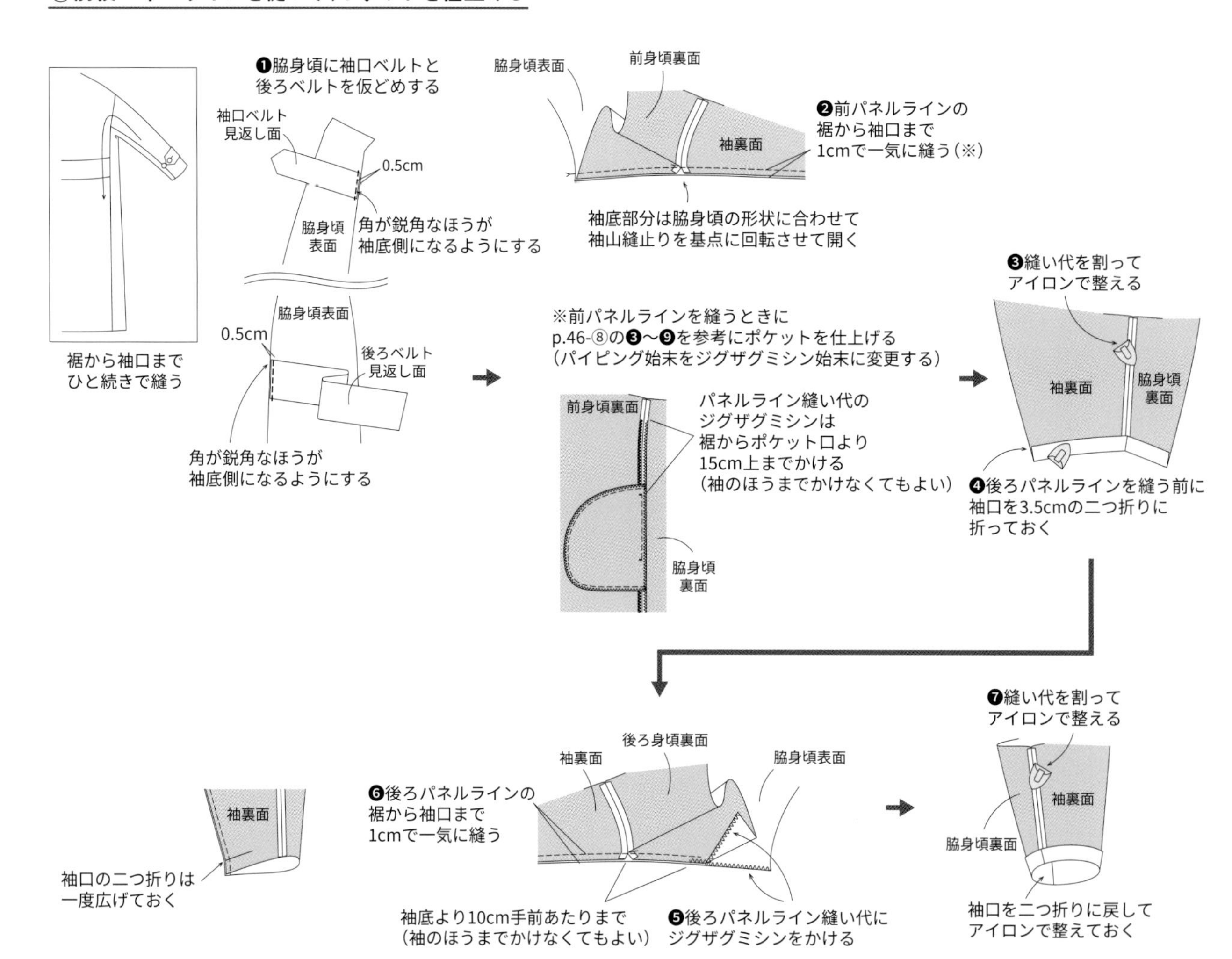

裾から袖口まで
ひと続きで縫う
❶脇身頃に袖口ベルトと
後ろベルトを仮どめする
袖口ベルト
見返し面
0.5cm
脇身頃
表面
角が鋭角なほうが
袖底側になるようにする
脇身頃表面
0.5cm
後ろベルト
見返し面
角が鋭角なほうが
袖底側になるようにする
脇身頃表面
前身頃裏面
袖裏面
❷前パネルラインの
裾から袖口まで
1cmで一気に縫う(※)
袖底部分は脇身頃の形状に合わせて
袖山縫止りを基点に回転させて開く
※前パネルラインを縫うときに
p.46-⑧の❸〜❾を参考にポケットを仕上げる
(パイピング始末をジグザグミシン始末に変更する)
前身頃裏面
パネルライン縫い代の
ジグザグミシンは
裾からポケット口より
15cm上までかける
(袖のほうまでかけなくてもよい)
脇身頃
裏面
❸縫い代を割って
アイロンで整える
袖裏面
脇身頃
裏面
❹後ろパネルラインを縫う前に
袖口を3.5cmの二つ折りに
折っておく
袖裏面
袖口の二つ折りは
一度広げておく
袖裏面
後ろ身頃裏面
脇身頃表面
❻後ろパネルラインの
裾から袖口まで
1cmで一気に縫う
袖底より10cm手前あたりまで
(袖のほうまでかけなくてもよい)
❺後ろパネルライン縫い代に
ジグザグミシンをかける
❼縫い代を割って
アイロンで整える
袖裏面
脇身頃裏面
袖口を二つ折りに戻して
アイロンで整えておく

⑦裏地をつくる

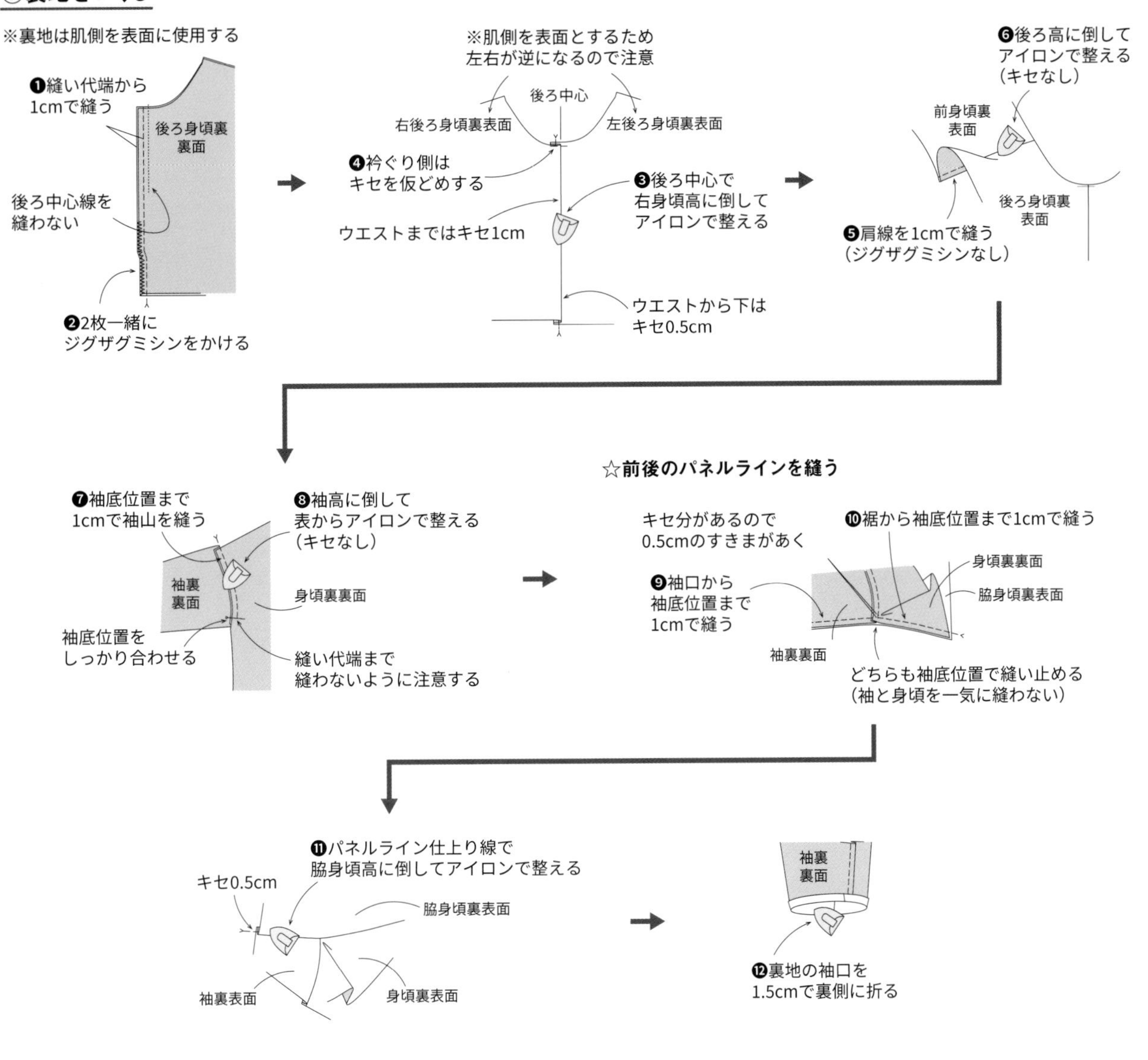

※裏地は肌側を表面に使用する
❶縫い代端から
1cmで縫う
後ろ身頃裏
裏面
後ろ中心線を
縫わない
❷2枚一緒に
ジグザグミシンをかける
※肌側を表面とするため
左右が逆になるので注意
後ろ中心
右後ろ身頃裏表面
左後ろ身頃裏表面
❹衿ぐり側は
キセを仮どめする
❸後ろ中心で
右身頃高に倒して
アイロンで整える
ウエストまではキセ1cm
ウエストから下は
キセ0.5cm
❻後ろ高に倒して
アイロンで整える
（キセなし）
前身頃裏
表面
後ろ身頃裏
表面
❺肩線を1cmで縫う
（ジグザグミシンなし）
❼袖底位置まで
1cmで袖山を縫う
❽袖高に倒して
表からアイロンで整える
（キセなし）
袖裏
裏面
身頃裏裏面
袖底位置を
しっかり合わせる
縫い代端まで
縫わないように注意する
☆前後のパネルラインを縫う
キセ分があるので
0.5cmのすきまがあく
❿裾から袖底位置まで1cmで縫う
身頃裏裏面
脇身頃裏表面
❾袖口から
袖底位置まで
1cmで縫う
袖裏裏面
どちらも袖底位置で縫い止める
（袖と身頃を一気に縫わない）
⓫パネルライン仕上り線で
脇身頃高に倒してアイロンで整える
キセ0.5cm
脇身頃裏表面
袖裏表面
身頃裏表面
袖裏
裏面
⓬裏地の袖口を
1.5cmで裏側に折る

⑧裏地の裾始末をして、見返しと縫い合わせる

後ろ身頃裏
表面

❸見返しと裏地を1cmで縫う

❺裏地高に倒して
アイロンで整える

後ろ衿ぐり見返し表面

❶裏地の裾を
1.5cm+1.5cmの
三つ折りにする

前身頃裏
表面

前見返し
表面

❹2枚一緒に
ジグザグミシンをかける

❷三つ折りに
1.3cmのステッチをかける

⑪袖口の表地と裏地を縫い合わせる

❶表の袖を
内側に抜き出す

袖裏裏面

袖裏面

前身頃表面

❷表地、裏地それぞれの
後ろ袖切替え線を合わせる（※）

※この時に袖がねじれないように充分注意する

袖裏面

脇身頃裏面

細かくまち針でとめておく

❸袖裏袖口の二つ折りを
一度開いて袖口を１cmで１周縫う

袖裏裏面

⑫裏地の中とじをする

裏地をつける場合、要所ごとに中とじをして表身頃と固定することがとても大切です。

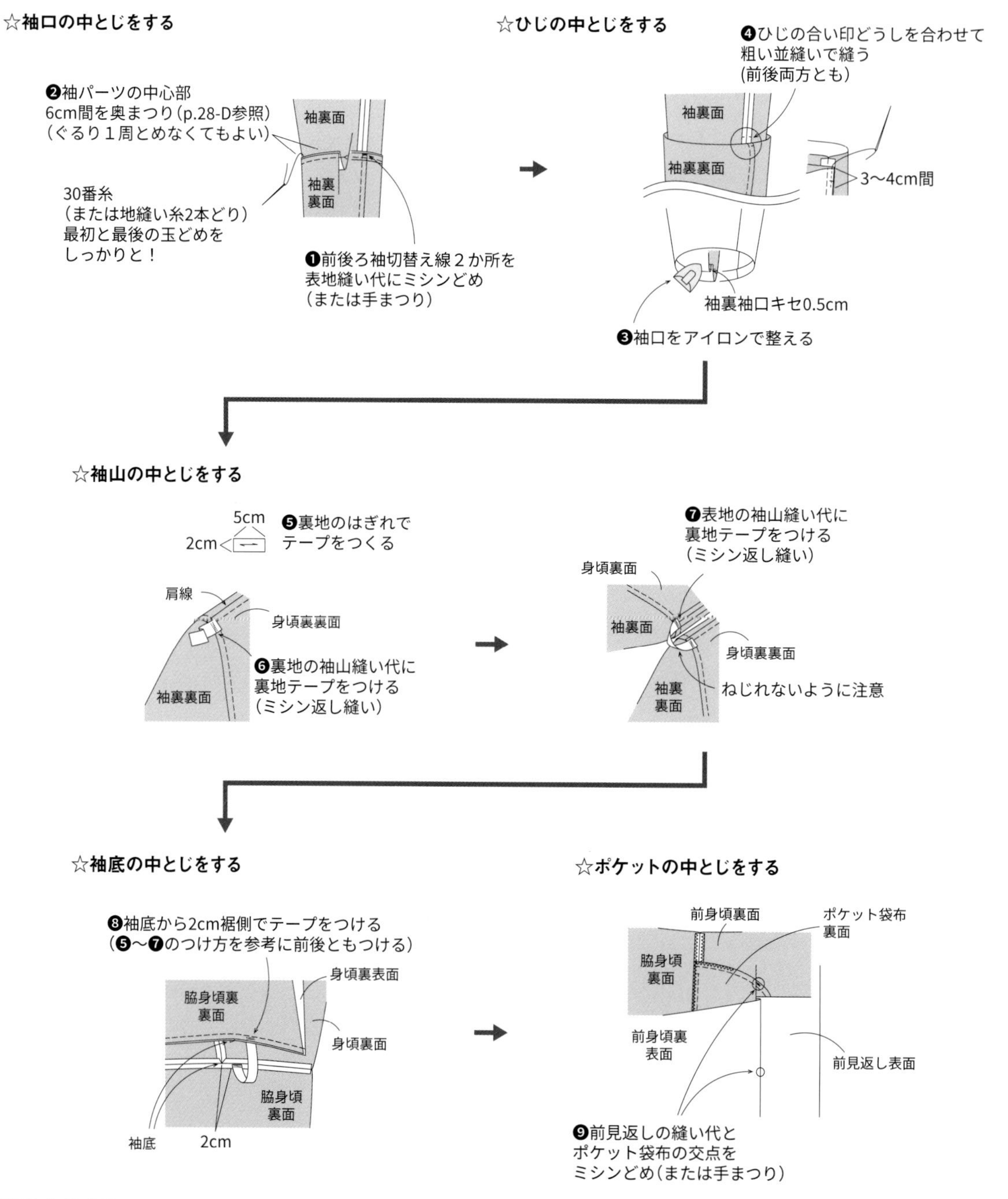

☆袖口の中とじをする
❷袖パーツの中心部
6cm間を奥まつり（p.28-D参照）
（ぐるり１周とめなくてもよい）
袖裏面
袖裏
裏面
30番糸
（または地縫い糸2本どり）
最初と最後の玉どめを
しっかりと！
❶前後ろ袖切替え線２か所を
表地縫い代にミシンどめ
（または手まつり）
☆ひじの中とじをする
❹ひじの合い印どうしを合わせて
粗い並縫いで縫う
(前後両方とも)
袖裏面
袖裏裏面
3〜4cm間
袖裏袖口キセ0.5cm
❸袖口をアイロンで整える
☆袖山の中とじをする
5cm
2cm
❺裏地のはぎれで
テープをつくる
肩線
身頃裏裏面
❻裏地の袖山縫い代に
裏地テープをつける
（ミシン返し縫い）
袖裏裏面
❼表地の袖山縫い代に
裏地テープをつける
（ミシン返し縫い）
身頃裏面
袖裏面
身頃裏裏面
ねじれないように注意
袖裏
裏面
☆袖底の中とじをする
❽袖底から2cm裾側でテープをつける
（❺〜❼のつけ方を参考に前後ともつける）
脇身頃裏
裏面
身頃裏表面
身頃裏面
脇身頃
裏面
袖底
2cm
☆ポケットの中とじをする
前身頃裏面
ポケット袋布
裏面
脇身頃
裏面
前身頃裏
表面
前見返し表面
❾前見返しの縫い代と
ポケット袋布の交点を
ミシンどめ（または手まつり）

⑬裾始末をする

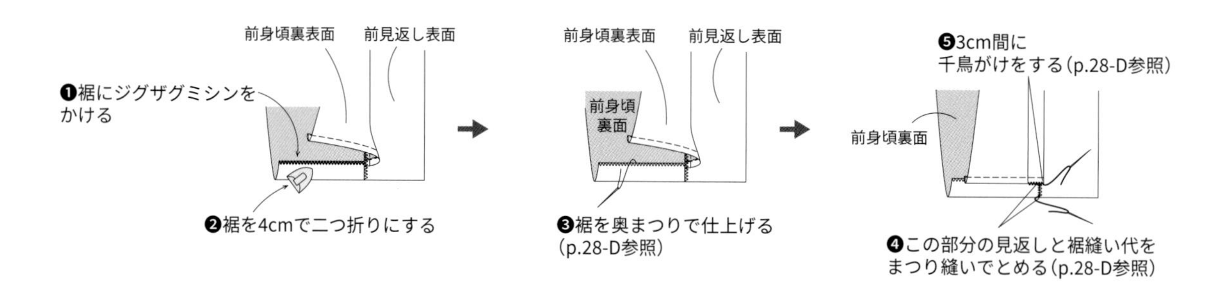

前身頃裏表面
前見返し表面
❶裾にジグザグミシンを
かける
❷裾を4cmで二つ折りにする
前身頃裏表面
前見返し表面
前身頃
裏面
❸裾を奥まつりで仕上げる
（p.28-D参照）
❺3cm間に
千鳥がけをする（p.28-D参照）
前身頃裏面
❹この部分の見返しと裾縫い代を
まつり縫いでとめる（p.28-D参照）

A-2 リネンデニムのビッグテーラードコート

photo（p.06）

実物大パターン 1表

仕上りサイズ　左から size1 / size2

着丈　119.5 / 122.5cm
バスト　130.5 / 136.5cm
裾回り　158 / 164cm
ゆき丈　79 / 82cm
袖口　30 / 32cm

材料（春秋素材）

表地：リネン　148cm幅
380cm（size1） / 390cm（size2）
（「リネンデニム」　小原屋繊維）
別布：ポケット袋布（スレキ）
110cm幅　50cm
接着芯①普通（90cm幅）　200cm
接着芯②硬め（90cm幅）　50cm
伸び止めテープ（1cm幅ハーフバイアス）
200cm
伸び止めテープ（1cm幅ストレート）
110cm
ボタン（直径2.3cm）　7個
杉綾テープ（1cm幅）　11cm
グログランテープ（3.5cm幅）　50cm
線コキ（3.5cm幅）　1個

つくり方順序（p.39〜42参照）

①接着芯と伸び止めテープをはる
（p.26-27-A・B参照）
②脇ポケットをつける
（p.50-②参照）
③後ろベルトと袖口ベルトをつくる
④後ろ中心と肩線を縫う
⑤袖山を縫う
⑥前後パネルラインを縫って、袖口始末をする
⑦見返しにライナー用テープをつける
（p.29-E参照）
⑧衿をつける
⑨衿と前端を縫い返す
⑩裾始末をする
⑪ボタンホールをあけて、
ボタンつけと中とじをする

※縫い代始末はジグザグミシンにして、
カジュアルに仕上げました。

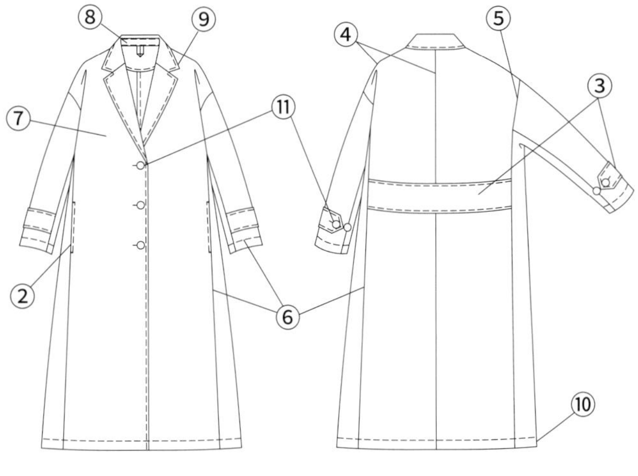

前　後ろ

裁合せ図＜表地＞

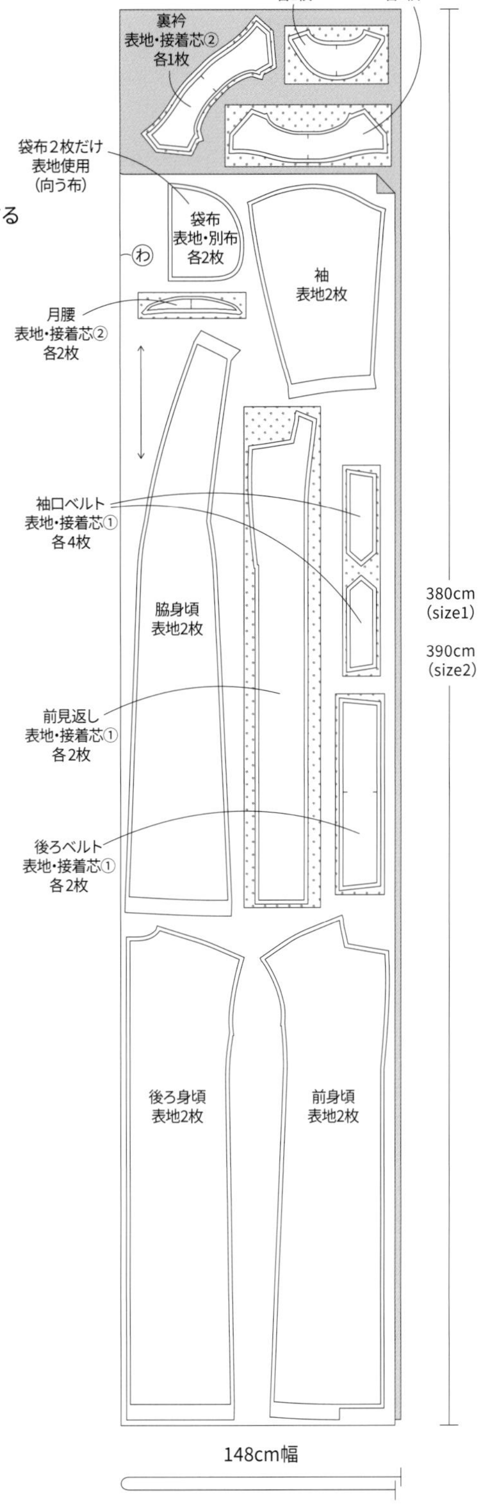

後ろ衿ぐり見返し
表地・接着芯①
各1枚
表衿
表地・接着芯①
各1枚
裏衿
表地・接着芯②
各1枚
袋布2枚だけ
表地使用
（向う布）
袋布
表地・別布
各2枚
わ
袖
表地2枚
月腰
表地・接着芯②
各2枚
袖口ベルト
表地・接着芯①
各4枚
脇身頃
表地2枚
前見返し
表地・接着芯①
各2枚
後ろベルト
表地・接着芯①
各2枚
後ろ身頃
表地2枚
前身頃
表地2枚
380cm
（size1）
390cm
（size2）
148cm幅

※接着芯を全面にはるパーツの中で、
裏衿は、四角で囲まずに周囲に平行に
1cmの余裕をつけて裁断しました。

接着芯、伸び止めテープをはる位置

◎接着芯をはる位置

裾・袖口を三つ折りステッチ始末にする場合

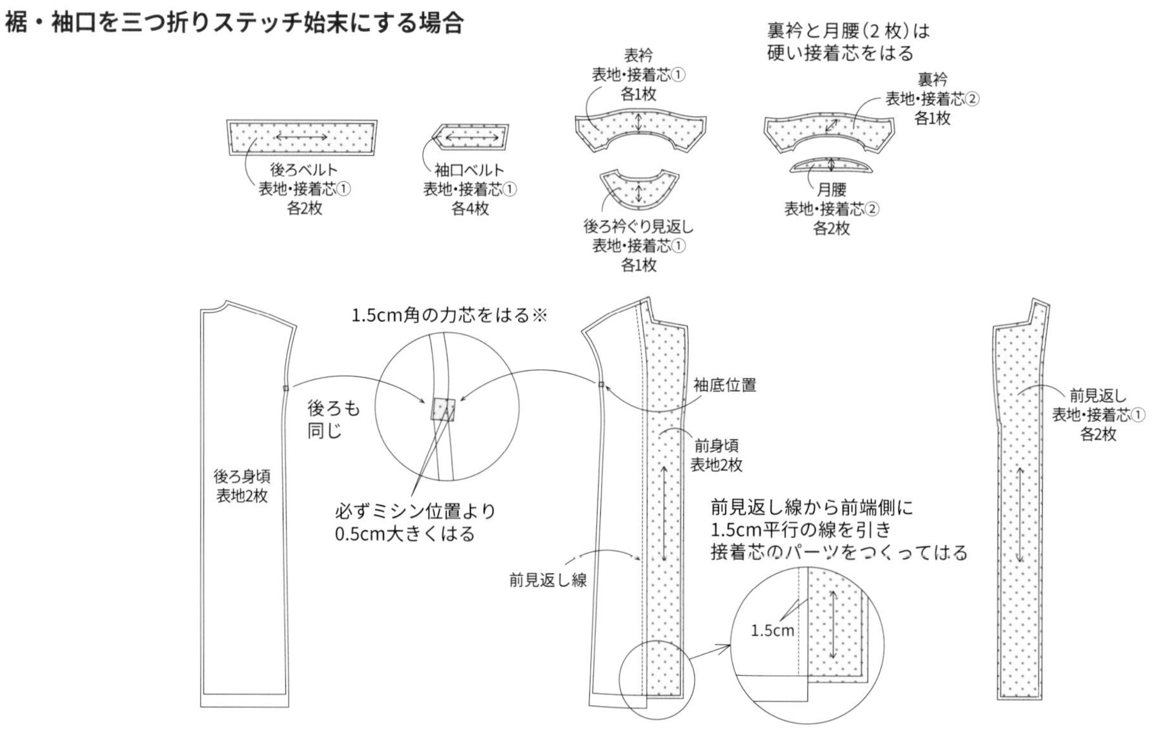
裏衿と月腰（2枚）は
硬い接着芯をはる
表衿
表地・接着芯①
各1枚
裏衿
表地・接着芯②
各1枚
後ろベルト
表地・接着芯①
各2枚
袖口ベルト
表地・接着芯①
各4枚
月腰
表地・接着芯②
各2枚
後ろ衿ぐり見返し
表地・接着芯①
各1枚
1.5cm角の力芯をはる※
後ろも
同じ
袖底位置
前見返し
表地・接着芯①
各2枚
前身頃
表地2枚
後ろ身頃
表地2枚
必ずミシン位置より
0.5cm大きくはる
前見返し線から前端側に
1.5cm平行の線を引き
接着芯のパーツをつくってはる
前見返し線
1.5cm

※力芯とは、縫い代に切込みを入れる部分や、力が加わると布地が裂けてしまいそうな部分の補強として、ミシンをかける前にはっておく接着芯のこと。

◎伸び止めテープをはる位置

ハーフバイアステープ　ストレートテープ

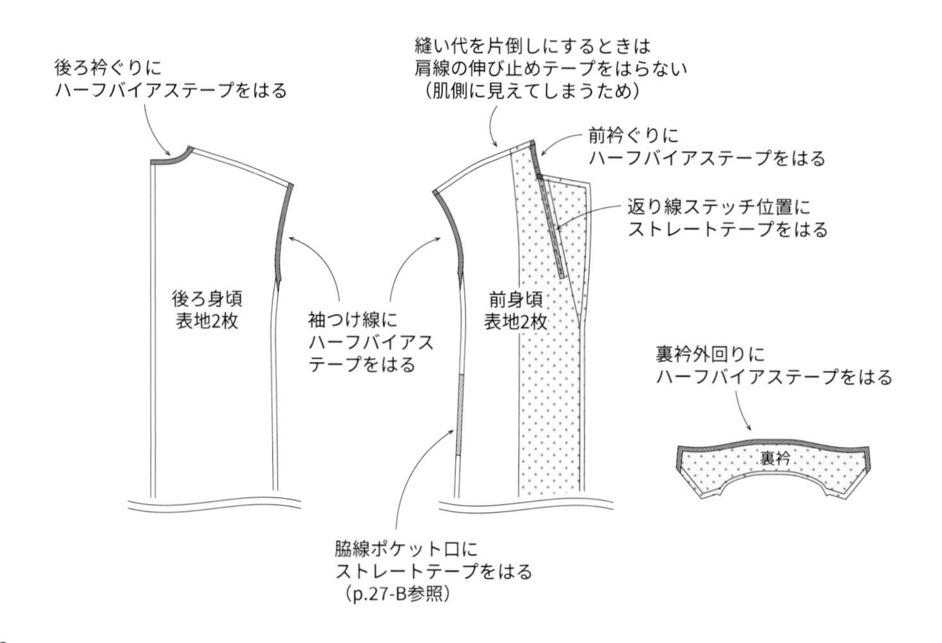
後ろ衿ぐりに
ハーフバイアステープをはる
縫い代を片倒しにするときは
肩線の伸び止めテープをはらない
（肌側に見えてしまうため）
前衿ぐりに
ハーフバイアステープをはる
返り線ステッチ位置に
ストレートテープをはる
後ろ身頃
表地2枚
袖つけ線に
ハーフバイアス
テープをはる
前身頃
表地2枚
裏衿外回りに
ハーフバイアステープをはる
裏衿
脇線ポケット口に
ストレートテープをはる
（p.27-B参照）

つくり方

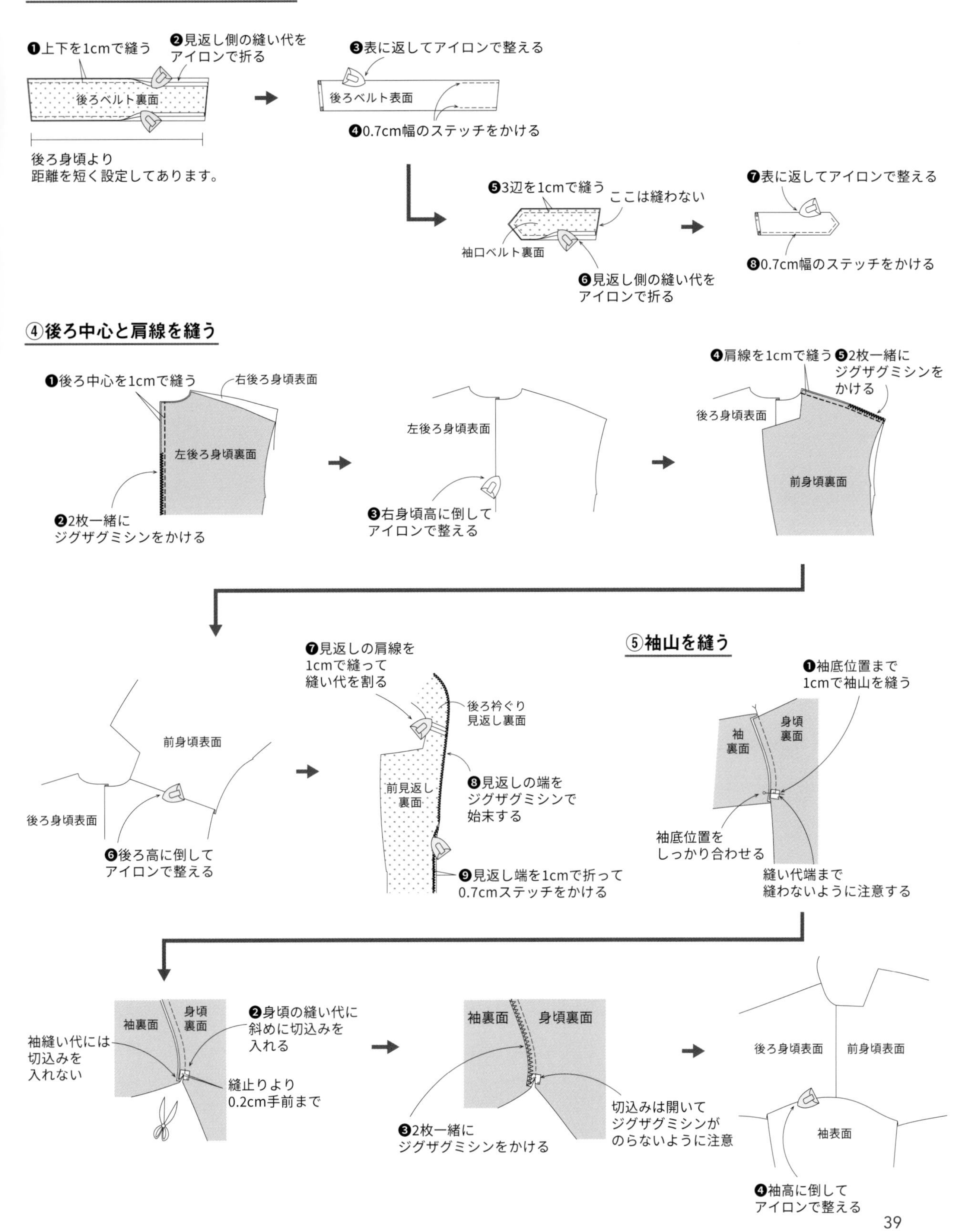

③後ろベルトと袖口ベルトをつくる
❶上下を1cmで縫う
❷見返し側の縫い代をアイロンで折る
後ろベルト裏面
後ろ身頃より
距離を短く設定してあります。
❸表に返してアイロンで整える
後ろベルト表面
❹0.7cm幅のステッチをかける
❺3辺を1cmで縫う
ここは縫わない
袖口ベルト裏面
❻見返し側の縫い代をアイロンで折る
❼表に返してアイロンで整える
❽0.7cm幅のステッチをかける
④後ろ中心と肩線を縫う
❶後ろ中心を1cmで縫う
右後ろ身頃表面
左後ろ身頃裏面
❷2枚一緒にジグザグミシンをかける
左後ろ身頃表面
❸右身頃高に倒してアイロンで整える
❹肩線を1cmで縫う
❺2枚一緒にジグザグミシンをかける
後ろ身頃表面
前身頃裏面
前身頃表面
後ろ身頃表面
❻後ろ高に倒してアイロンで整える
❼見返しの肩線を1cmで縫って縫い代を割る
後ろ衿ぐり見返し裏面
前見返し裏面
❽見返しの端をジグザグミシンで始末する
❾見返し端を1cmで折って0.7cmステッチをかける
⑤袖山を縫う
❶袖底位置まで1cmで袖山を縫う
袖裏面
身頃裏面
袖底位置をしっかり合わせる
縫い代端まで縫わないように注意する
袖裏面
身頃裏面
袖縫い代には切込みを入れない
❷身頃の縫い代に斜めに切込みを入れる
縫止りより0.2cm手前まで
袖裏面
身頃裏面
❸2枚一緒にジグザグミシンをかける
切込みは開いてジグザグミシンがのらないように注意
後ろ身頃表面
前身頃表面
袖表面
❹袖高に倒してアイロンで整える

⑥前後パネルラインを縫って、袖口始末をする

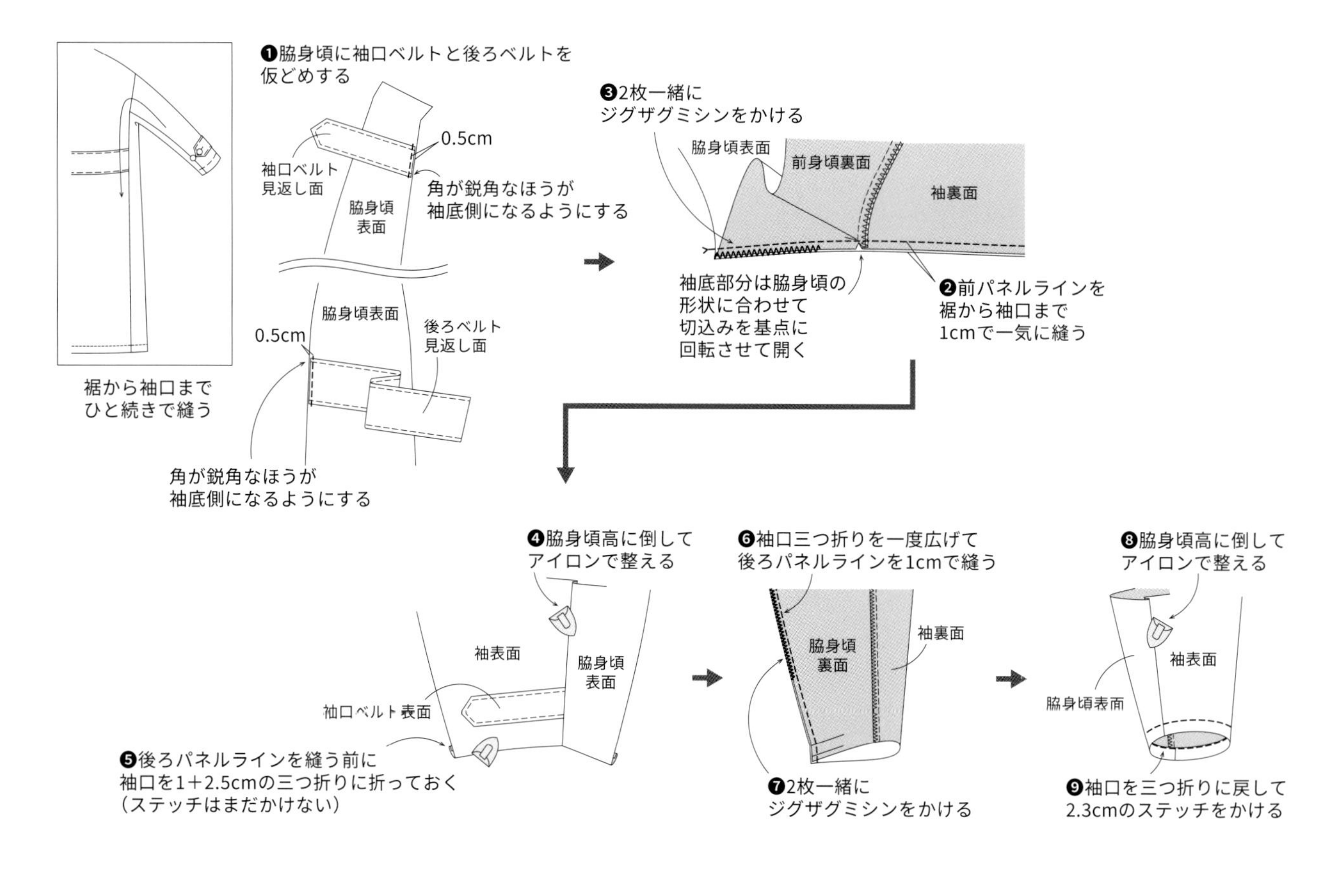

裾から袖口まで
ひと続きで縫う
❶脇身頃に袖口ベルトと後ろベルトを
仮どめする
0.5cm
袖口ベルト
見返し面
角が鋭角なほうが
袖底側になるようにする
脇身頃
表面
脇身頃表面
後ろベルト
見返し面
0.5cm
角が鋭角なほうが
袖底側になるようにする
❸2枚一緒に
ジグザグミシンをかける
脇身頃表面
前身頃裏面
袖裏面
袖底部分は脇身頃の
形状に合わせて
切込みを基点に
回転させて開く
❷前パネルラインを
裾から袖口まで
1cmで一気に縫う
❹脇身頃高に倒して
アイロンで整える
袖表面
脇身頃
表面
袖口ベルト表面
❺後ろパネルラインを縫う前に
袖口を1+2.5cmの三つ折りに折っておく
（ステッチはまだかけない）
❻袖口三つ折りを一度広げて
後ろパネルラインを1cmで縫う
脇身頃
裏面
袖裏面
❼2枚一緒に
ジグザグミシンをかける
❽脇身頃高に倒して
アイロンで整える
袖表面
脇身頃表面
❾袖口を三つ折りに戻して
2.3cmのステッチをかける

⑧衿をつける

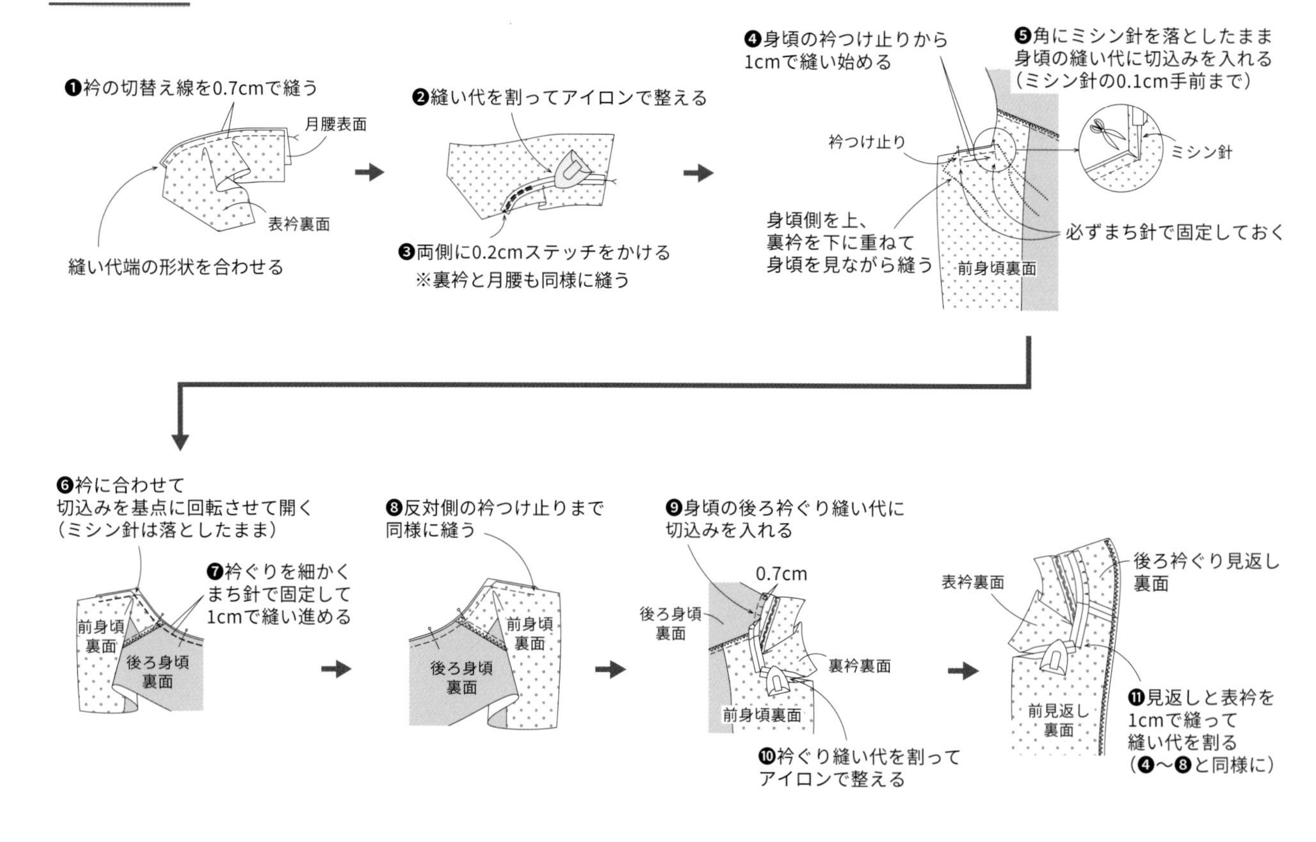

❶衿の切替え線を0.7cmで縫う
月腰表面
表衿裏面
縫い代端の形状を合わせる
❷縫い代を割ってアイロンで整える
❸両側に0.2cmステッチをかける
※裏衿と月腰も同様に縫う
❹身頃の衿つけ止りから
1cmで縫い始める
❺角にミシン針を落としたまま
身頃の縫い代に切込みを入れる
（ミシン針の0.1cm手前まで）
衿つけ止り
ミシン針
身頃側を上、
裏衿を下に重ねて
身頃を見ながら縫う
必ずまち針で固定しておく
前身頃裏面
❻衿に合わせて
切込みを基点に回転させて開く
（ミシン針は落としたまま）
❼衿ぐりを細かく
まち針で固定して
1cmで縫い進める
前身頃
裏面
後ろ身頃
裏面
❽反対側の衿つけ止りまで
同様に縫う
前身頃
裏面
後ろ身頃
裏面
❾身頃の後ろ衿ぐり縫い代に
切込みを入れる
0.7cm
後ろ身頃
裏面
裏衿裏面
前身頃裏面
❿衿ぐり縫い代を割って
アイロンで整える
表衿裏面
後ろ衿ぐり見返し
裏面
前見返し
裏面
⓫見返しと表衿を
1cmで縫って
縫い代を割る
（❹～❽と同様に）

⑨衿と前端を縫い返す

❶衿つけ止りを「四つとめ」する（※）

※四つとめとは、身頃と見返しの衿つけ止り位置を
完全に一致させてずれないようにするためのひと手間

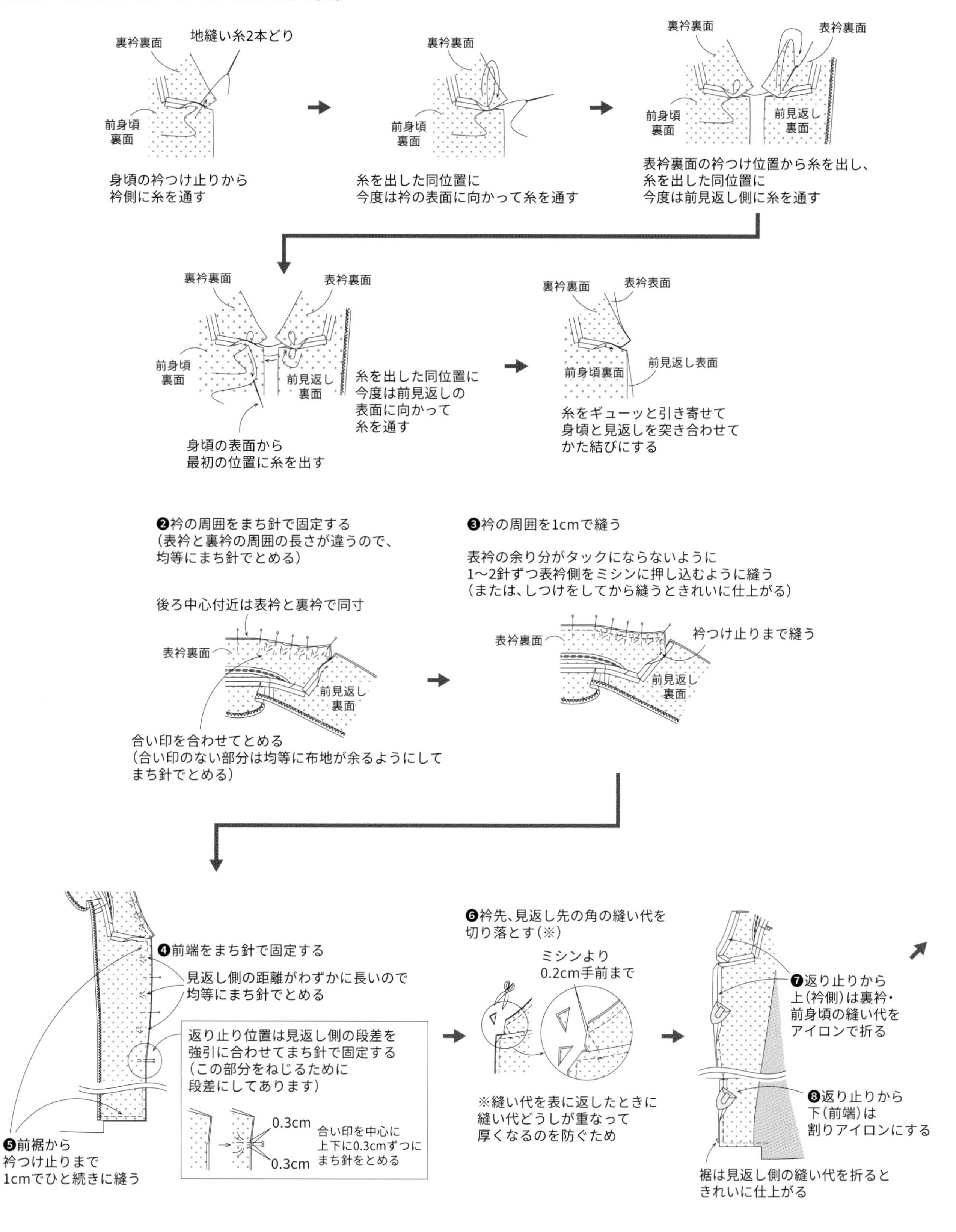

裏衿裏面
地縫い糸2本どり
前身頃
裏面
身頃の衿つけ止りから
衿側に糸を通す
裏衿裏面
前身頃
裏面
糸を出した同位置に
今度は衿の表面に向かって糸を通す
裏衿裏面
表衿裏面
前身頃
裏面
前見返し
裏面
表衿裏面の衿つけ位置から糸を出し、
糸を出した同位置に
今度は前見返し側に糸を通す
裏衿裏面
表衿裏面
前身頃
裏面
前見返し
裏面
糸を出した同位置に
今度は前見返しの
表面に向かって
糸を通す
身頃の表面から
最初の位置に糸を出す
裏衿裏面
表衿表面
前身頃裏面
前見返し表面
糸をギューッと引き寄せて
身頃と見返しを突き合わせて
かた結びにする
❷衿の周囲をまち針で固定する
（表衿と裏衿の周囲の長さが違うので、
均等にまち針でとめる）
後ろ中心付近は表衿と裏衿で同寸
表衿裏面
前見返し
裏面
合い印を合わせてとめる
（合い印のない部分は均等に布地が余るようにして
まち針でとめる）
❸衿の周囲を1cmで縫う
表衿の余り分がタックにならないように
1〜2針ずつ表衿側をミシンに押し込むように縫う
（または、しつけをしてから縫うときれいに仕上がる）
表衿裏面
衿つけ止りまで縫う
前見返し
裏面
❹前端をまち針で固定する
見返し側の距離がわずかに長いので
均等にまち針でとめる
返り止り位置は見返し側の段差を
強引に合わせてまち針で固定する
（この部分をねじるために
段差にしてあります）
0.3cm
0.3cm
合い印を中心に
上下に0.3cmずつに
まち針をとめる
❺前裾から
衿つけ止りまで
1cmでひと続きに縫う
❻衿先、見返し先の角の縫い代を
切り落とす（※）
ミシンより
0.2cm手前まで
※縫い代を表に返したときに
縫い代どうしが重なって
厚くなるのを防ぐため
❼返り止りから
上（衿側）は裏衿・
前身頃の縫い代を
アイロンで折る
❽返り止りから
下（前端）は
割りアイロンにする
裾は見返し側の縫い代を折ると
きれいに仕上がる

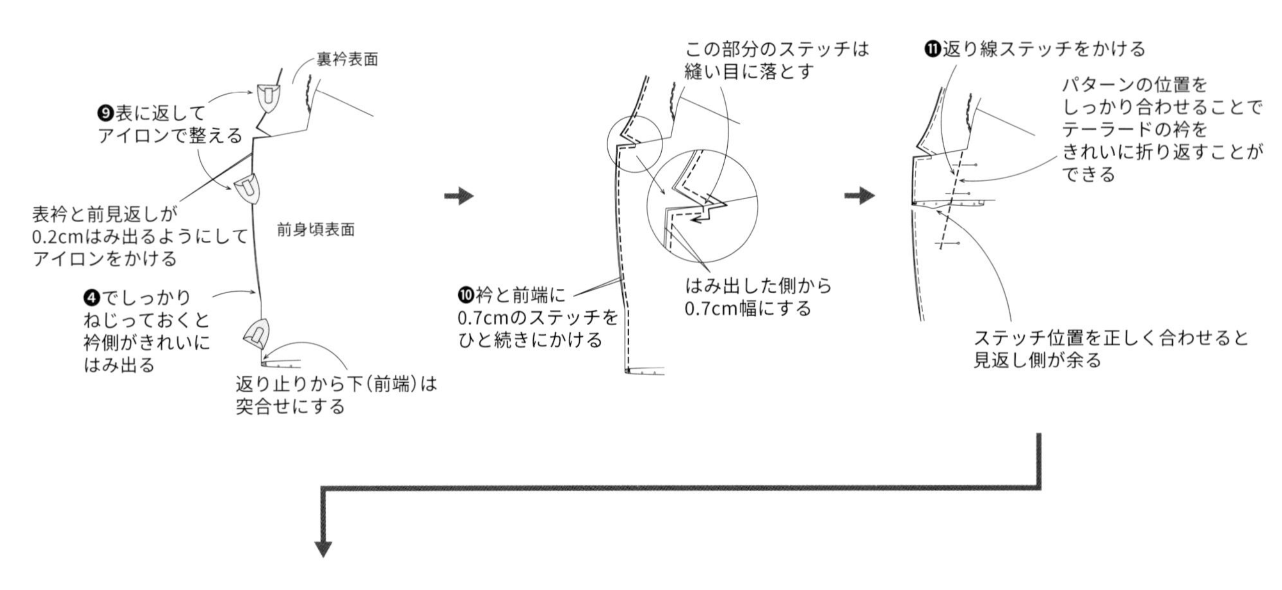
裏衿表面
❾表に返して
アイロンで整える
表衿と前見返しが
0.2cmはみ出るようにして
アイロンをかける
前身頃表面
❹でしっかり
ねじっておくと
衿側がきれいに
はみ出る
返り止りから下（前端）は
突合せにする
この部分のステッチは
縫い目に落とす
❿衿と前端に
0.7cmのステッチを
ひと続きにかける
はみ出した側から
0.7cm幅にする
⓫返り線ステッチをかける
パターンの位置を
しっかり合わせることで
テーラードの衿を
きれいに折り返すことが
できる
ステッチ位置を正しく合わせると
見返し側が余る

☆衿ぐりの中とじをする

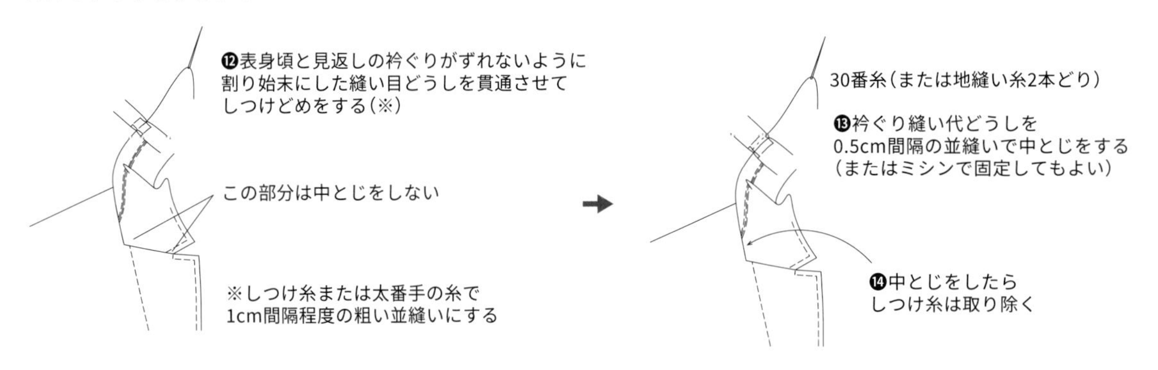
⓬表身頃と見返しの衿ぐりがずれないように
割り始末にした縫い目どうしを貫通させて
しつけどめをする（※）
この部分は中とじをしない
※しつけ糸または太番手の糸で
1cm間隔程度の粗い並縫いにする
30番糸（または地縫い糸2本どり）
⓭衿ぐり縫い代どうしを
0.5cm間隔の並縫いで中とじをする
（またはミシンで固定してもよい）
⓮中とじをしたら
しつけ糸は取り除く

⑩裾始末をする

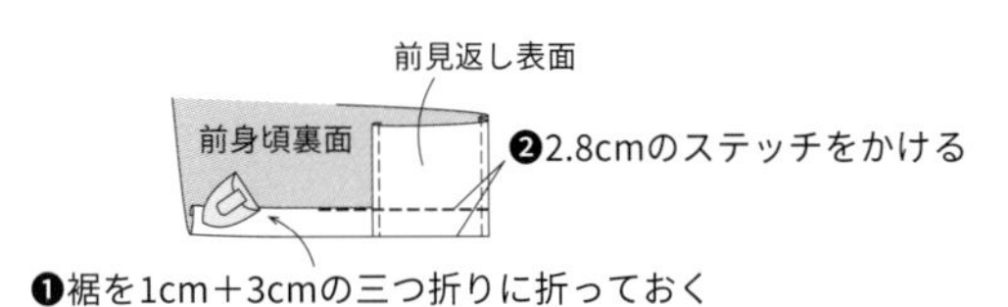
前見返し表面
前身頃裏面
❷2.8cmのステッチをかける
❶裾を1cm＋3cmの三つ折りに折っておく

⑪ボタンホールをあけて、ボタンつけと中とじをする

☆パターンの位置にボタンホールとボタンをつける

（作品は2.5cmのハトメ穴をあけて
ボタンは2.3cmを使用しました）

☆見返しの中とじをする

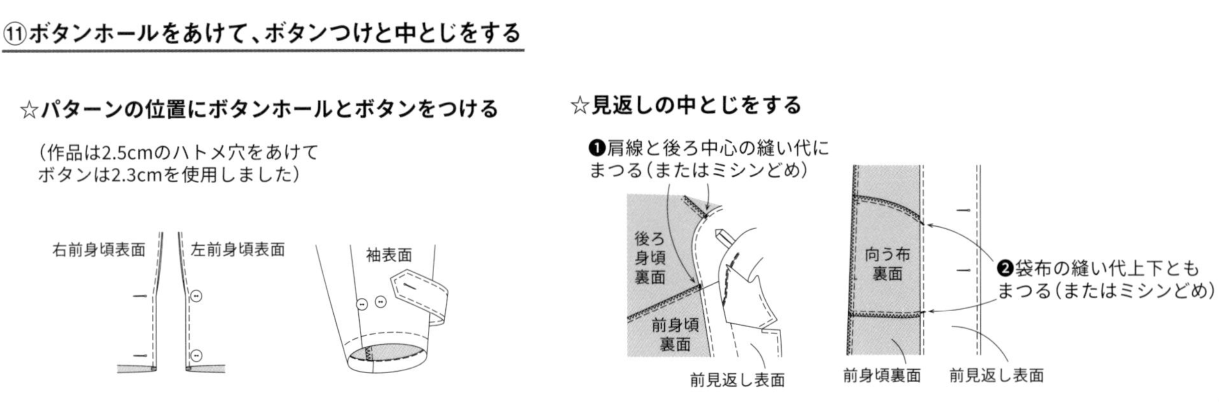
右前身頃表面
左前身頃表面
袖表面
❶肩線と後ろ中心の縫い代に
まつる（またはミシンどめ）
後ろ
身頃
裏面
前身頃
裏面
前見返し表面
向う布
裏面
❷袋布の縫い代上下とも
まつる（またはミシンどめ）
前身頃裏面
前見返し表面

B-1 ウールのゆったりドルマンコート photo(p.08)

実物大パターン 1裏 袋布は1表

仕上りサイズ 左から size1 / size2

着丈 114.5 / 117.5cm
ウエスト 160 / 166cm
裾回り 177 / 183cm
ゆき丈 78 / 81cm
袖口 28 / 30cm

※このコートはバスト寸法を計測できないので、ウエスト寸法を記載しています。

材料（冬素材）

表地：アンゴラウール 133cm幅 450cm(size1) / 500cm(size2)
(「アンゴラ混のふっくらBIGボーダー」小原屋繊維)
別布：ポケット袋布(起毛)
110cm幅 50cm
接着芯(90cm幅) 210cm
伸び止めテープ(1cm幅ハーフバイアス) 150cm
伸び止めテープ(1cm幅ストレート) 70cm
杉綾テープ(1cm幅) 11cm、28cm
グログランテープ(3.5cm幅) 50cm
線コキ(3.5cm幅) 1個

つくり方順序(p.46〜47参照)

①接着芯と伸び止めテープをはる
(p.26-27-A・B参照)
②脇ポケットをつける
③身頃の後ろ中心と肩線を縫う
④見返しにライナー用テープをつける
(p.29-E参照)
⑤衿をつくる(p.50-⑤参照)
⑥衿外回りから前裾まで縫い返す
⑦衿ぐりの中とじをする
(p.51-⑦の❶〜❸参照)
⑧脇線を縫ってポケットを仕上げる
⑨ベルト通しをつける
(p.52-⑨の❻〜❼参照)
⑩袖口と裾を縫う
⑪ベルトをつくる(p.52-⑪参照)

※縫い代始末はパイピングにして、きれいめに仕上げました。

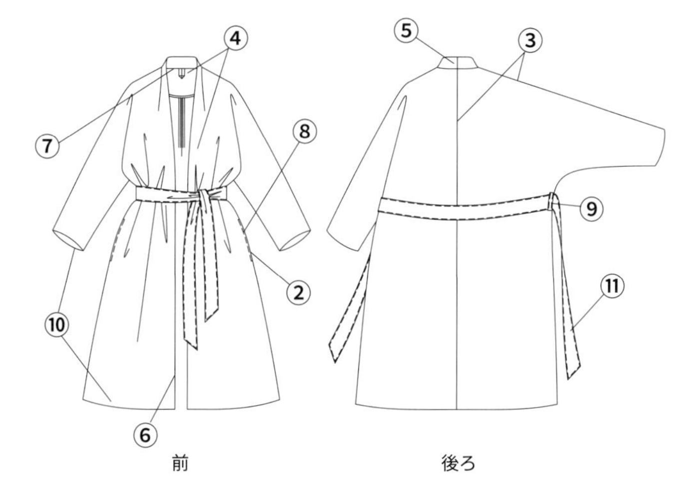

④
⑦
⑧
②
⑩
⑥
前
⑤
③
⑨
⑪
後ろ

裁合せ図＜表地＞

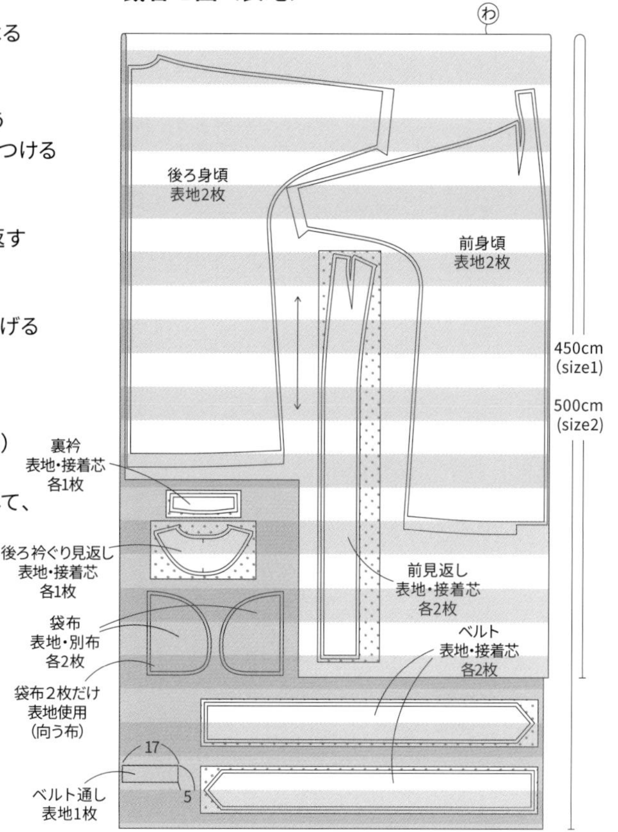

わ
後ろ身頃
表地2枚
前身頃
表地2枚
450cm
(size1)
500cm
(size2)
裏衿
表地・接着芯
各1枚
後ろ衿ぐり見返し
表地・接着芯
各1枚
前見返し
表地・接着芯
各2枚
袋布
表地・別布
各2枚
袋布2枚だけ
表地使用
(向う布)
ベルト
表地・接着芯
各2枚
17
5
ベルト通し
表地1枚
133cm幅(ボーダー柄)

※ベルトはパターンがありません。
p.45を参照してパターンを作ってください。
※ベルト通しはパターンがありません。
指定の寸法で裁断してください。
※ボーダー柄の生地なのでベルトとベルト通しは横地裁断にしてベルトは後ろ中心で切替えにしました。

接着芯、伸び止めテープをはる位置

◎接着芯をはる位置

裾・袖口を二つ折り＆手まつり始末にする場合

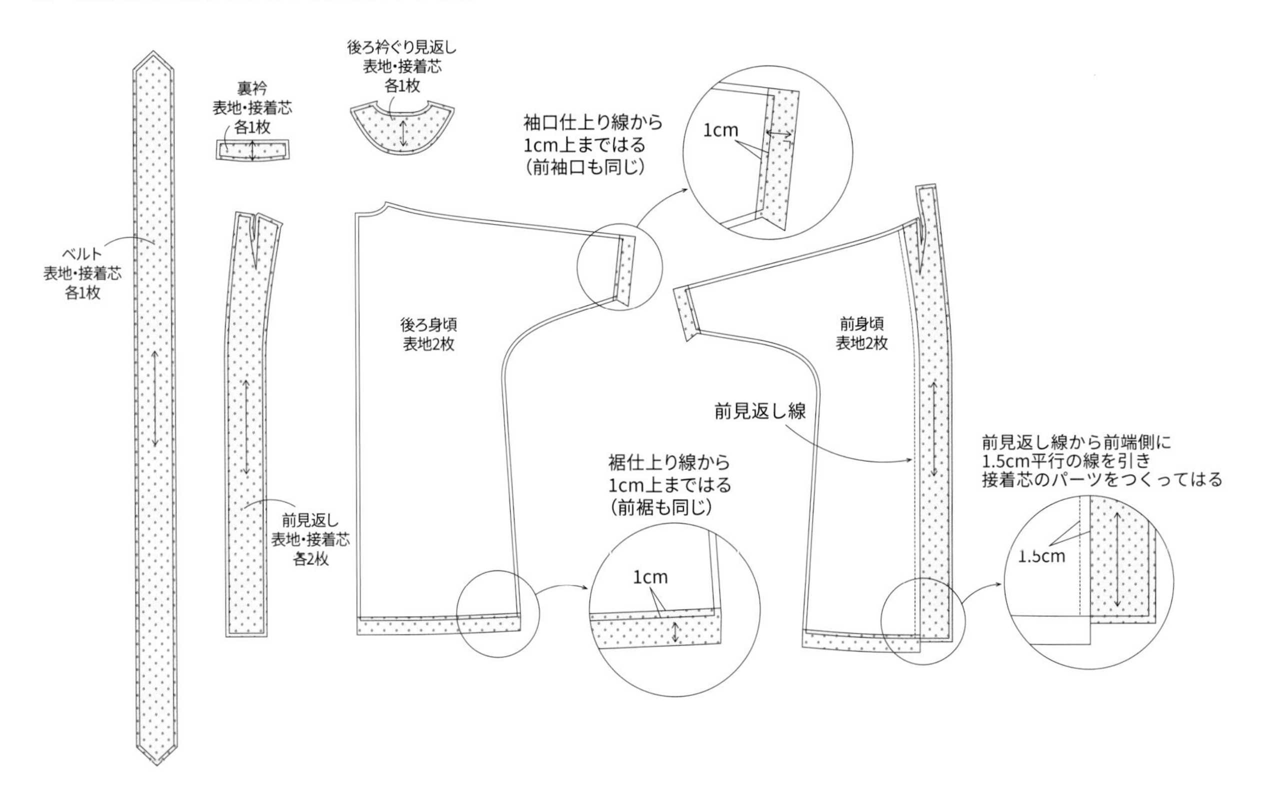
後ろ衿ぐり見返し
表地・接着芯
各1枚
裏衿
表地・接着芯
各1枚
袖口仕上り線から
1cm上まではる
（前袖口も同じ）
1cm
ベルト
表地・接着芯
各1枚
後ろ身頃
表地2枚
前身頃
表地2枚
前見返し線
前見返し線から前端側に
1.5cm平行の線を引き
接着芯のパーツをつくってはる
裾仕上り線から
1cm上まではる
（前裾も同じ）
1cm
前見返し
表地・接着芯
各2枚
1.5cm

◎伸び止めテープをはる位置

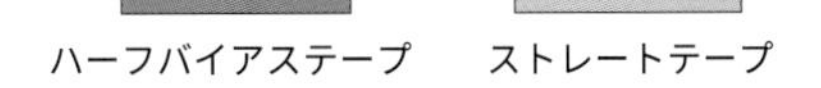
ハーフバイアステープ
ストレートテープ

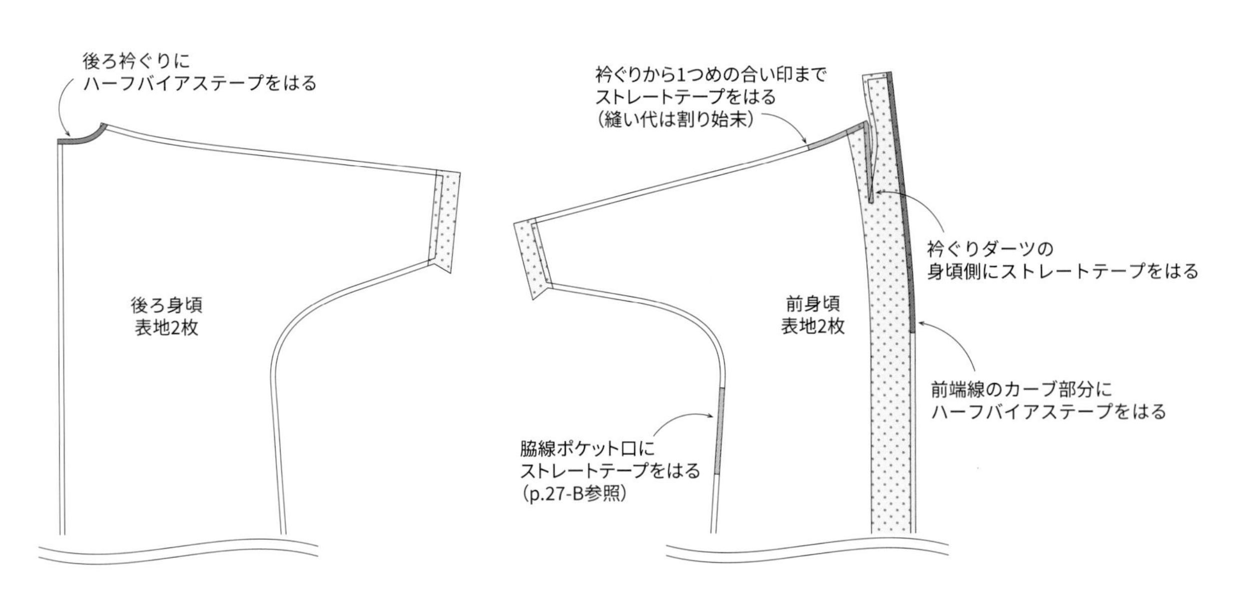
後ろ衿ぐりに
ハーフバイアステープをはる
衿ぐりから1つめの合い印まで
ストレートテープをはる
（縫い代は割り始末）
衿ぐりダーツの
身頃側にストレートテープをはる
後ろ身頃
表地2枚
前身頃
表地2枚
前端線のカーブ部分に
ハーフバイアステープをはる
脇線ポケット口に
ストレートテープをはる
（p.27-B参照）

ベルトのパターンのつくり方

本書では、p.08、p.10（ドルマンコート）と、p.12（トレンチコート）に使用しています。
長さ 200cm× 幅 5cm のベルトになります。（※）

①幅10cm＋長さ100cmの四角を書いて中心に線を１本書く。

10cm
100cm

**②外側線の角から4.5cm内側の位置と、中央の線をつなげてベルトの先端をつくる。
反対側は「わ」裁ちの印を書いておく。**

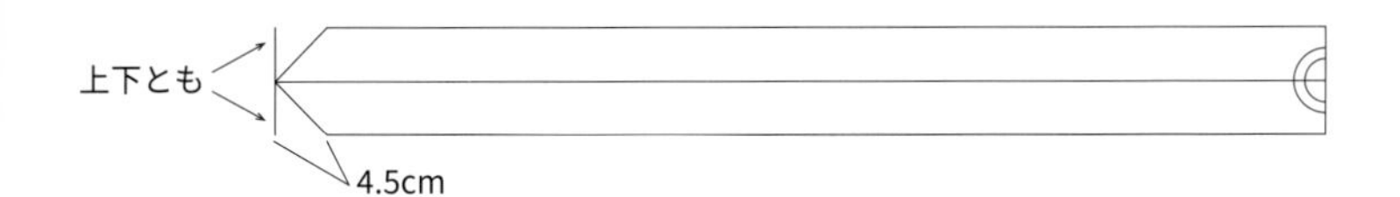
上下とも
4.5cm

③周囲に1cm幅の縫い代をつける。中央の線に布目線を書く。

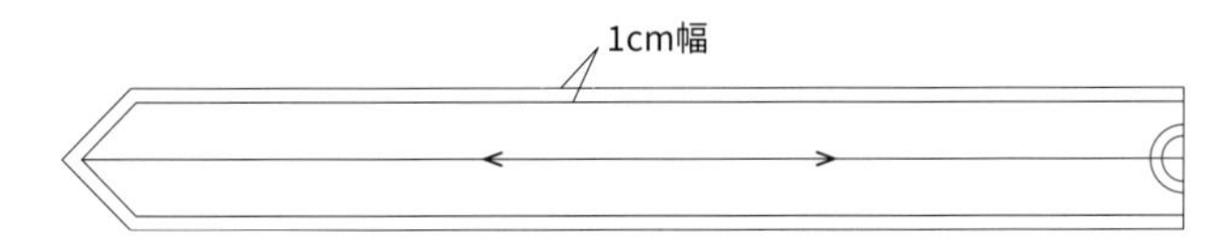
1cm幅

※size1 と size2 のウエスト寸法を 6cm ピッチにしてありますので、
size2 のベルトをつくる場合、仕上り長さを 206cm に設定してもよい。

p.79 F キルティングライナーベストc の曲線柄

実寸大ですが、あくまで一例です。
ご自分で調整してください。

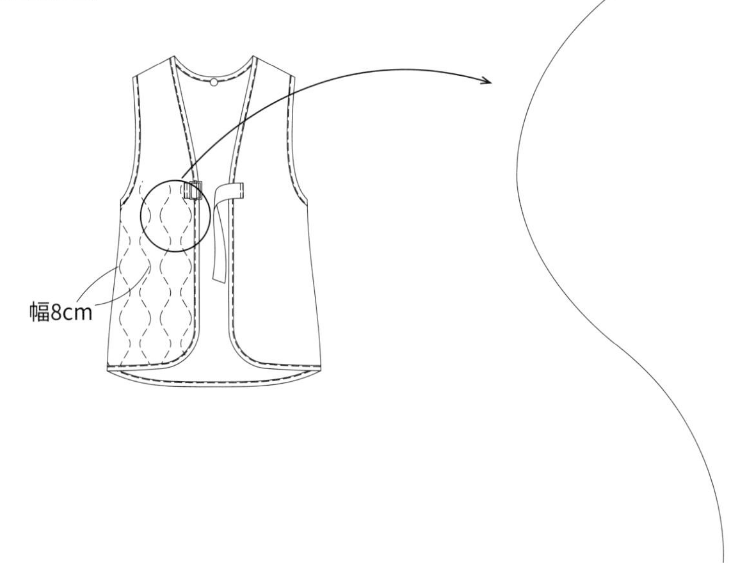
幅8cm

つくり方

②脇ポケットをつける(脇線を割り始末にする場合)

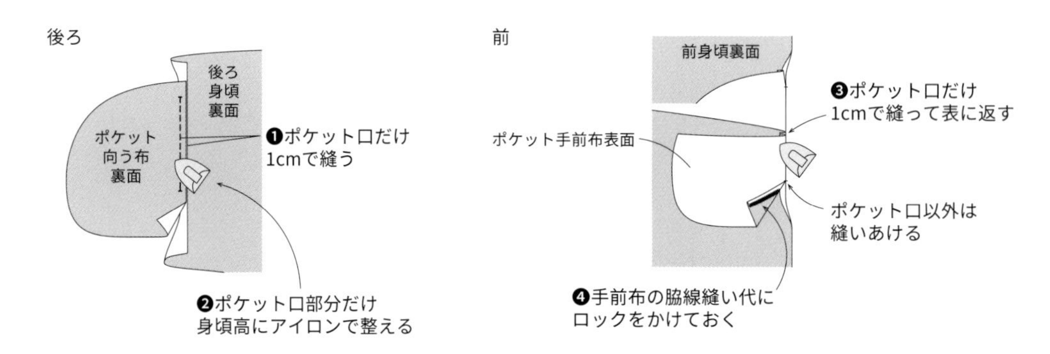
後ろ
後ろ身頃裏面
ポケット向う布裏面
❶ポケット口だけ1cmで縫う
❷ポケット口部分だけ身頃高にアイロンで整える
前
前身頃裏面
❸ポケット口だけ1cmで縫って表に返す
ポケット手前布表面
ポケット口以外は縫いあける
❹手前布の脇線縫い代にロックをかけておく

③身頃の後ろ中心と肩線を縫う

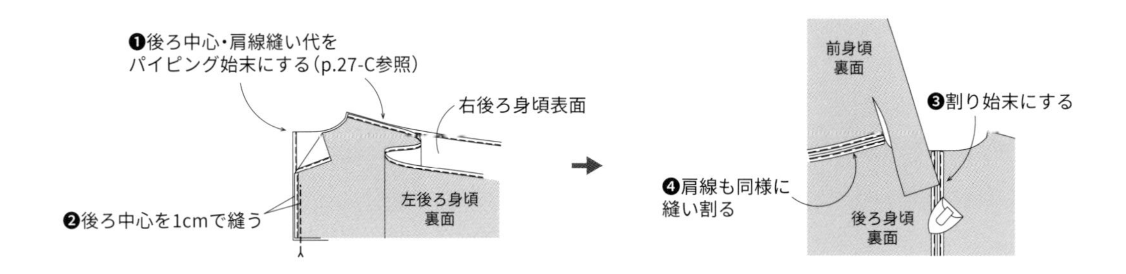
❶後ろ中心・肩線縫い代をパイピング始末にする(p.27-C参照)
右後ろ身頃表面
左後ろ身頃裏面
❷後ろ中心を1cmで縫う
前身頃裏面
❸割り始末にする
❹肩線も同様に縫い割る
後ろ身頃裏面

⑥衿外回りから前裾まで縫い返す

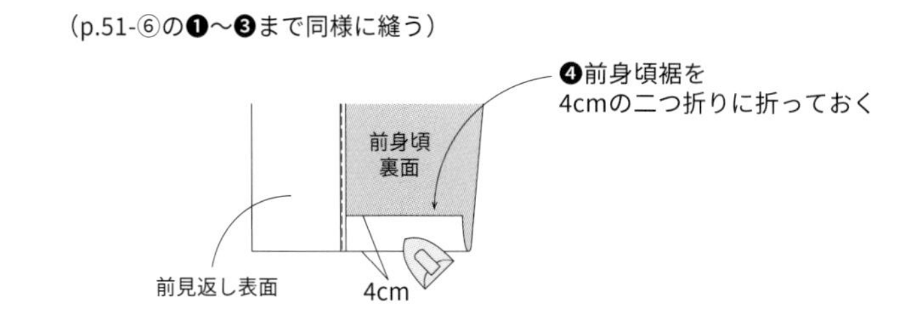
(p.51-⑥の❶〜❸まで同様に縫う)
❹前身頃裾を4cmの二つ折りに折っておく
前身頃裏面
前見返し表面
4cm

⑧脇線を縫ってポケットを仕上げる

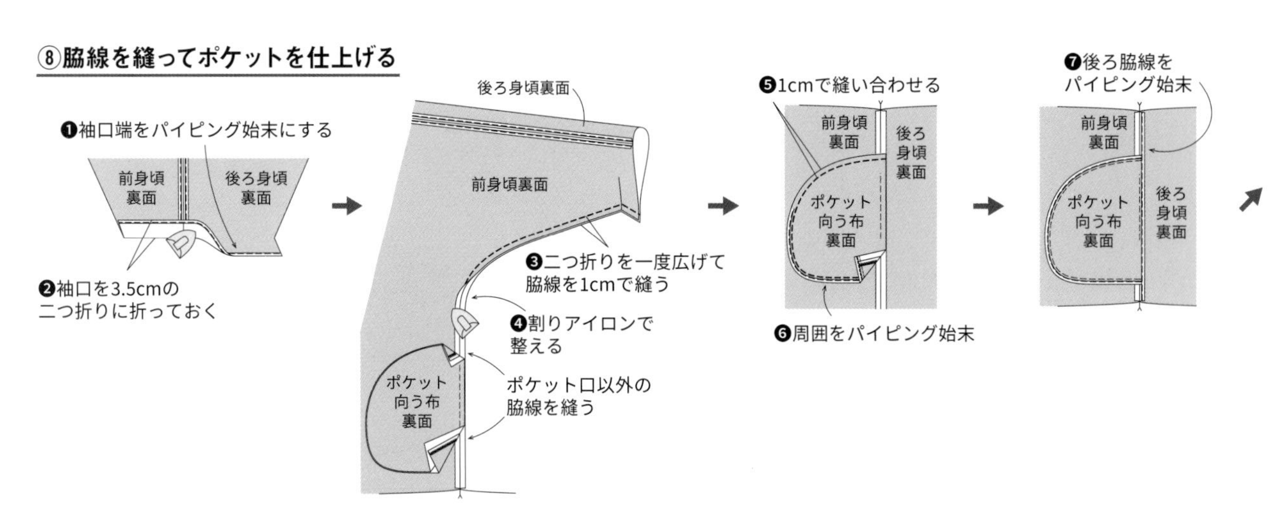
❶袖口端をパイピング始末にする
前身頃裏面
後ろ身頃裏面
❷袖口を3.5cmの二つ折りに折っておく
後ろ身頃裏面
前身頃裏面
❸二つ折りを一度広げて脇線を1cmで縫う
❹割りアイロンで整える
ポケット向う布裏面
ポケット口以外の脇線を縫う
❺1cmで縫い合わせる
前身頃裏面
後ろ身頃裏面
ポケット向う布裏面
❻周囲をパイピング始末
❼後ろ脇線をパイピング始末
前身頃裏面
ポケット向う布裏面
後ろ身頃裏面

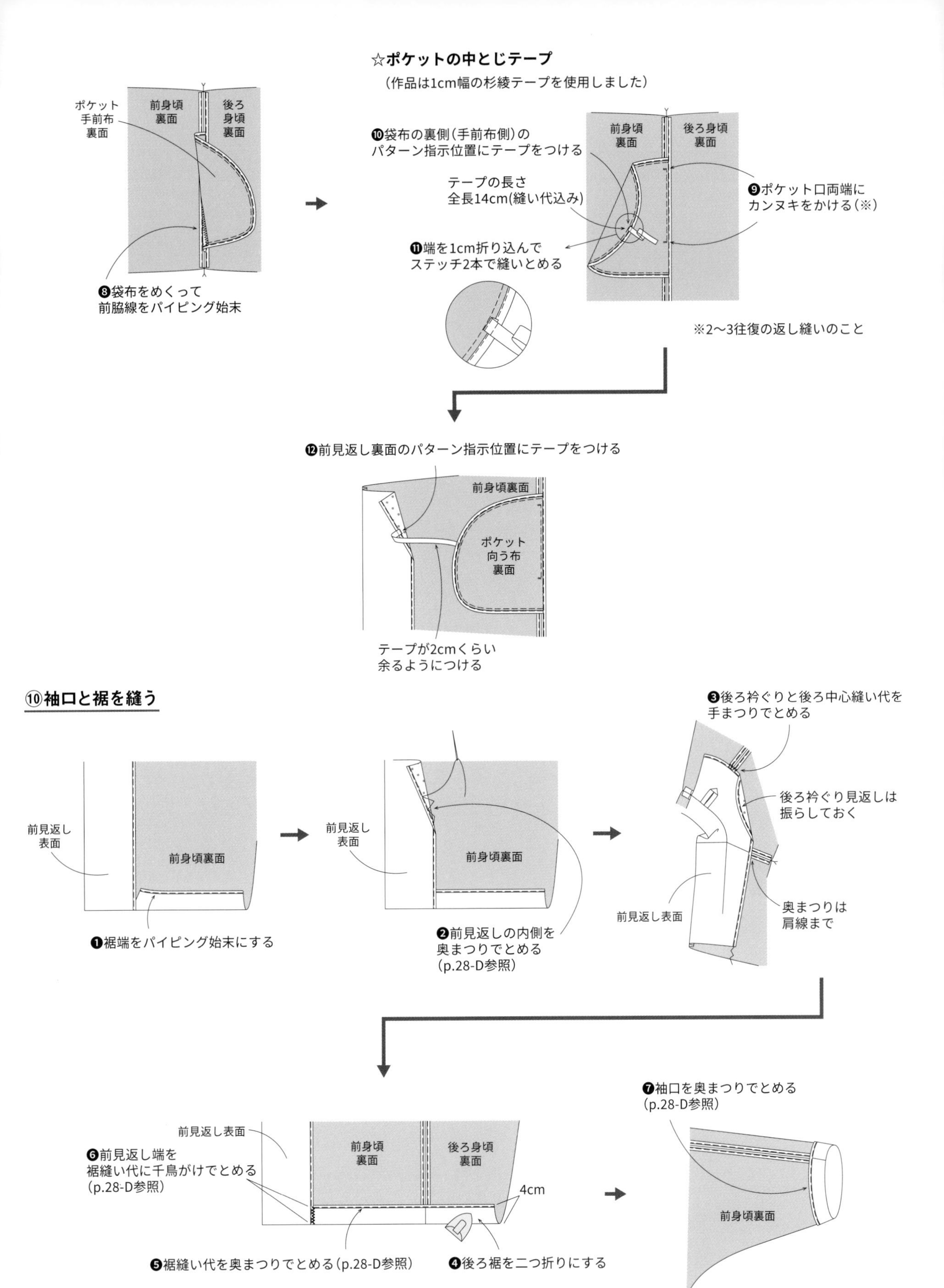
☆ポケットの中とじテープ
（作品は1cm幅の杉綾テープを使用しました）
ポケット
手前布
裏面
前身頃
裏面
後ろ
身頃
裏面
❽袋布をめくって
前脇線をパイピング始末
❿袋布の裏側（手前布側）の
パターン指示位置にテープをつける
テープの長さ
全長14cm(縫い代込み)
⓫端を1cm折り込んで
ステッチ2本で縫いとめる
前身頃
裏面
後ろ身頃
裏面
❾ポケット口両端に
カンヌキをかける（※）
※2〜3往復の返し縫いのこと
⓬前見返し裏面のパターン指示位置にテープをつける
前身頃裏面
ポケット
向う布
裏面
テープが2cmくらい
余るようにつける
⑩袖口と裾を縫う
前見返し
表面
前身頃裏面
❶裾端をパイピング始末にする
前見返し
表面
前身頃裏面
❷前見返しの内側を
奥まつりでとめる
(p.28-D参照)
❸後ろ衿ぐりと後ろ中心縫い代を
手まつりでとめる
後ろ衿ぐり見返しは
振らしておく
奥まつりは
肩線まで
前見返し表面
前見返し表面
❻前見返し端を
裾縫い代に千鳥がけでとめる
(p.28-D参照)
前身頃
裏面
後ろ身頃
裏面
4cm
❺裾縫い代を奥まつりでとめる(p.28-D参照)
❹後ろ裾を二つ折りにする
❼袖口を奥まつりでとめる
(p.28-D参照)
前身頃裏面

B-2 リネンウールのゆったりドルマンコート photo(p.10)

実物大パターン 1裏 袋布は1表

仕上りサイズ 左から size1 / size2

着丈 114.5 / 117.5cm
ウエスト 160 / 166cm
裾回り 177 / 183cm
ゆき丈 78 / 81cm
袖口 28 / 30cm

※このコートはバスト寸法を計測できないので、ウエスト寸法を記載しています。

材料（春秋素材）

表地：リネンウール 110cm幅
500cm（size1）/ 520cm（size2）
（「リネンウールリンレイヌ」
CHECK&STRIPE）
接着芯（90cm幅） 210cm
伸び止めテープ（1cm幅ハーフバイアス）
150cm
伸び止めテープ（1cm幅ストレート）
70cm
杉綾テープ（1cm幅） 11cm、28cm
グログランテープ（3.5cm幅） 50cm
線コキ（3.5cm幅） 1個

つくり方順序（p.50〜52参照）

①接着芯と伸び止めテープをはる（p.26-27-A・B参照）
②脇ポケットをつける
③身頃の後ろ中心と肩線を縫う
④見返しにライナー用テープをつける（p.29-E参照）
⑤衿をつくる
⑥衿外回りから前裾まで縫い返す
⑦衿ぐりの中とじと、ポケットの中とじテープをつける
⑧見返し端をステッチでとめる
⑨脇線を縫って、ベルト通しをつける
⑩袖口と裾を縫う
⑪ベルトをつくる

※縫い代始末はジグザグミシンにして、カジュアルに仕上げました。

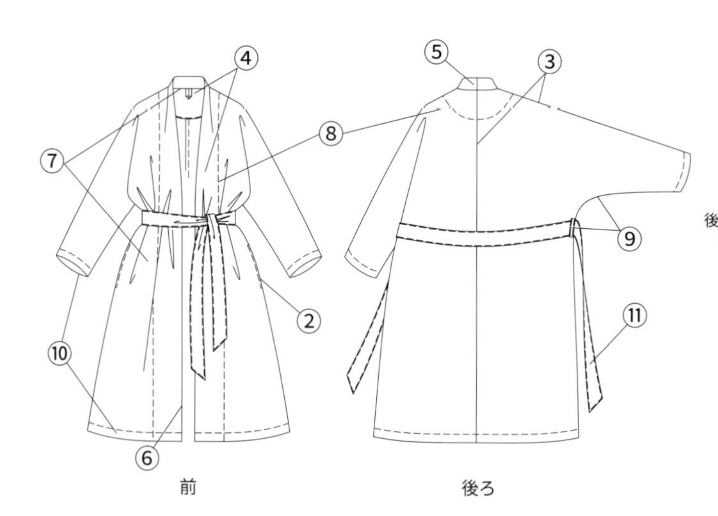

④
⑤
③
⑦
⑧
⑨
②
⑩
⑪
⑥
前
後ろ

裁合せ図

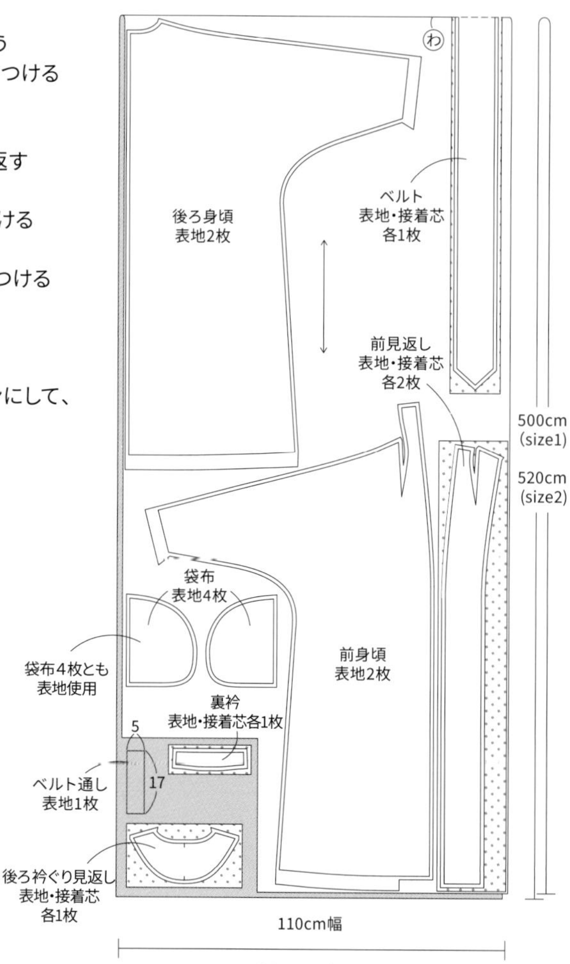

わ
後ろ身頃
表地2枚
ベルト
表地・接着芯
各1枚
前見返し
表地・接着芯
各2枚
500cm
(size1)
520cm
(size2)
袋布
表地4枚
袋布4枚とも
表地使用
前身頃
表地2枚
裏衿
表地・接着芯各1枚
5
17
ベルト通し
表地1枚
後ろ衿ぐり見返し
表地・接着芯
各1枚
110cm幅

※ベルトはパターンがありません。
p.45を参照してパターンを作ってください。
※ベルト通しはパターンがありません。
指定の寸法で裁断してください。

接着芯、伸び止めテープをはる位置

◎接着芯をはる位置

裾・袖口を三つ折りステッチ始末にする場合

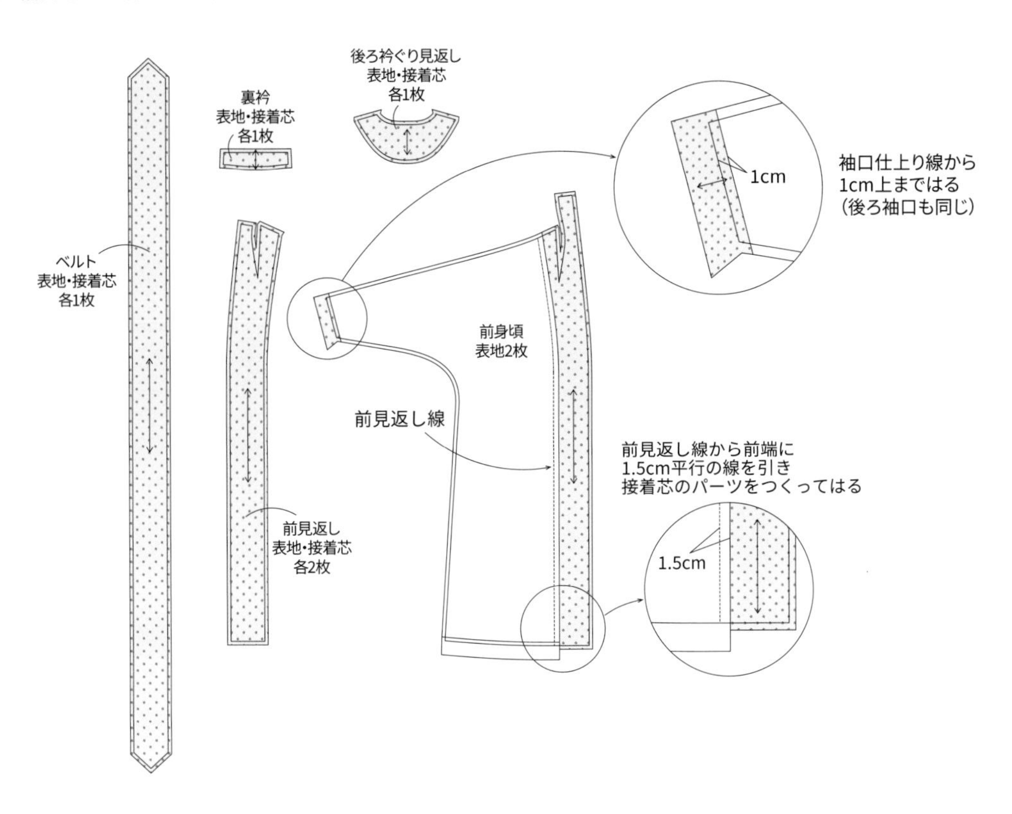
後ろ衿ぐり見返し
表地・接着芯
各1枚
裏衿
表地・接着芯
各1枚
ベルト
表地・接着芯
各1枚
前身頃
表地2枚
前見返し線
前見返し
表地・接着芯
各2枚
1cm
袖口仕上り線から
1cm上まではる
（後ろ袖口も同じ）
前見返し線から前端に
1.5cm平行の線を引き
接着芯のパーツをつくってはる
1.5cm

◎伸び止めテープをはる位置

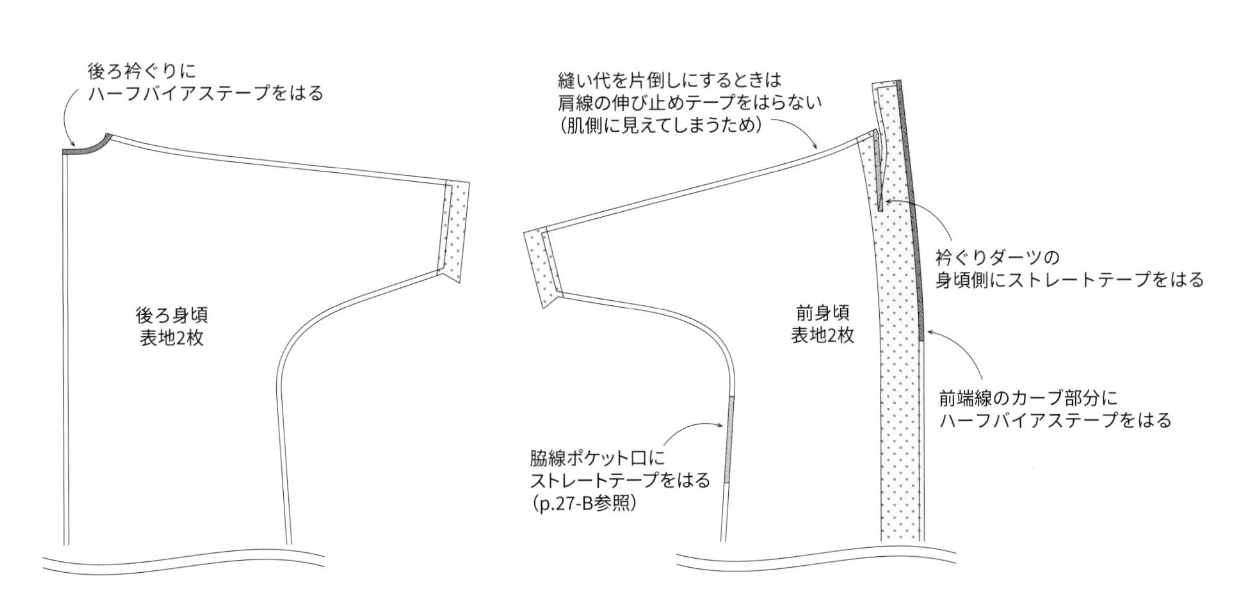
ハーフバイアステープ
ストレートテープ
後ろ衿ぐりに
ハーフバイアステープをはる
後ろ身頃
表地2枚
縫い代を片倒しにするときは
肩線の伸び止めテープをはらない
（肌側に見えてしまうため）
前身頃
表地2枚
衿ぐりダーツの
身頃側にストレートテープをはる
前端線のカーブ部分に
ハーフバイアステープをはる
脇線ポケット口に
ストレートテープをはる
（p.27-B参照）

つくり方

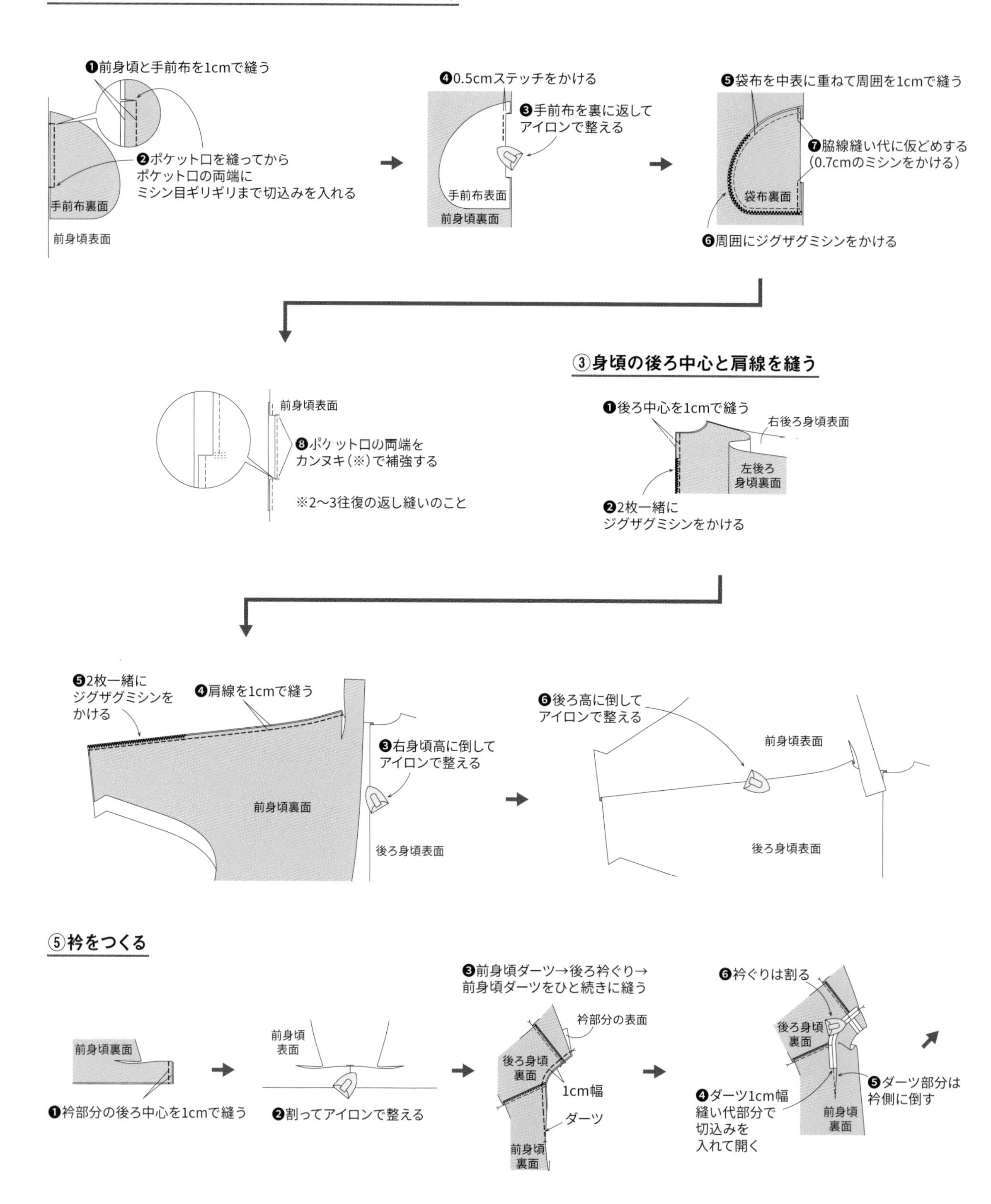

②脇ポケットをつける（脇線を片倒し始末にする場合）
❶前身頃と手前布を1cmで縫う
❷ポケット口を縫ってから
ポケット口の両端に
ミシン目ギリギリまで切込みを入れる
手前布裏面
前身頃表面
❹0.5cmステッチをかける
❸手前布を裏に返して
アイロンで整える
手前布表面
前身頃裏面
❺袋布を中表に重ねて周囲を1cmで縫う
❼脇線縫い代に仮どめする
（0.7cmのミシンをかける）
袋布裏面
❻周囲にジグザグミシンをかける
前身頃表面
❽ポケット口の両端を
カンヌキ（※）で補強する
※2〜3往復の返し縫いのこと
③身頃の後ろ中心と肩線を縫う
❶後ろ中心を1cmで縫う
右後ろ身頃表面
左後ろ
身頃裏面
❷2枚一緒に
ジグザグミシンをかける
❺2枚一緒に
ジグザグミシンを
かける
❹肩線を1cmで縫う
❸右身頃高に倒して
アイロンで整える
前身頃裏面
後ろ身頃表面
❻後ろ高に倒して
アイロンで整える
前身頃表面
後ろ身頃表面
⑤衿をつくる
前身頃裏面
❶衿部分の後ろ中心を1cmで縫う
前身頃
表面
❷割ってアイロンで整える
❸前身頃ダーツ→後ろ衿ぐり→
前身頃ダーツをひと続きに縫う
衿部分の表面
後ろ身頃
裏面
1cm幅
ダーツ
前身頃
裏面
❻衿ぐりは割る
後ろ身頃
裏面
❺ダーツ部分は
衿側に倒す
❹ダーツ1cm幅
縫い代部分で
切込みを
入れて開く
前身頃
裏面

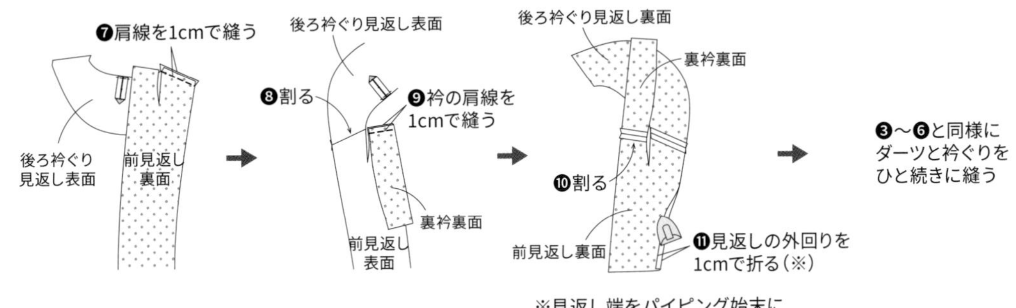
❼肩線を1cmで縫う
後ろ衿ぐり見返し表面
前見返し裏面
後ろ衿ぐり見返し表面
❽割る
❾衿の肩線を1cmで縫う
裏衿裏面
前見返し表面
後ろ衿ぐり見返し裏面
裏衿裏面
❿割る
前見返し裏面
⓫見返しの外回りを1cmで折る（※）
※見返し端をパイピング始末にする場合は折らない
❸〜❻と同様にダーツと衿ぐりをひと続きに縫う

⑥衿外回りから前裾まで縫い返す

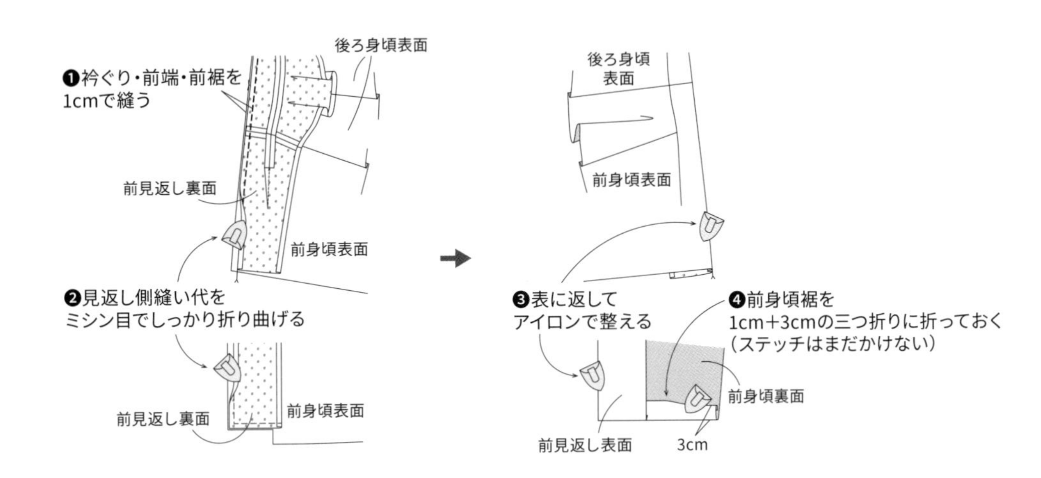
後ろ身頃表面
❶衿ぐり・前端・前裾を1cmで縫う
前見返し裏面
前身頃表面
❷見返し側縫い代をミシン目でしっかり折り曲げる
前見返し裏面
前身頃表面
後ろ身頃表面
前身頃表面
❸表に返してアイロンで整える
❹前身頃裾を1cm+3cmの三つ折りに折っておく（ステッチはまだかけない）
前身頃裏面
前見返し表面
3cm

⑦衿ぐりの中とじと、ポケットの中とじテープをつける

☆衿ぐりの中とじ

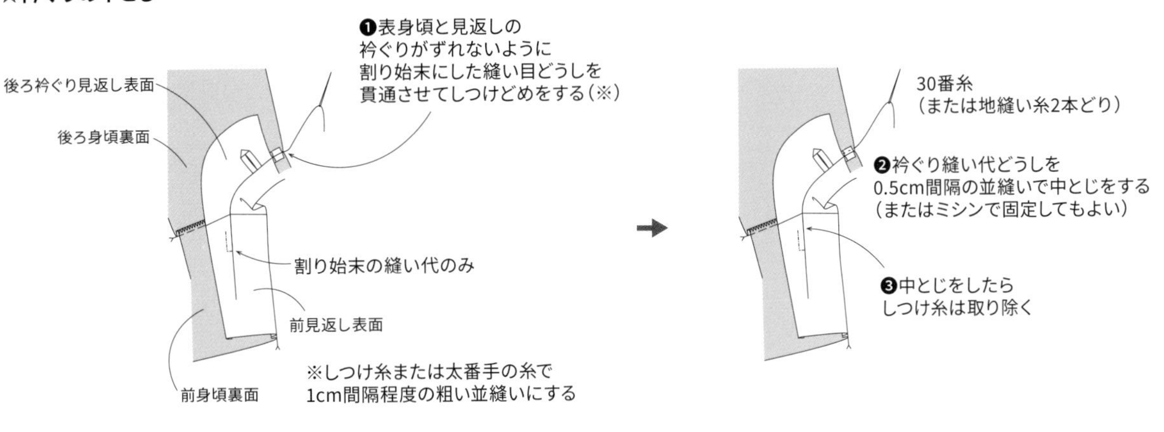
❶表身頃と見返しの衿ぐりがずれないように割り始末にした縫い目どうしを貫通させてしつけどめをする（※）
後ろ衿ぐり見返し表面
後ろ身頃裏面
割り始末の縫い代のみ
前見返し表面
前身頃裏面
※しつけ糸または太番手の糸で1cm間隔程度の粗い並縫いにする
30番糸（または地縫い糸2本どり）
❷衿ぐり縫い代どうしを0.5cm間隔の並縫いで中とじをする（またはミシンで固定してもよい）
❸中とじをしたらしつけ糸は取り除く

☆ポケットの中とじテープ

（作品は1cm幅の杉綾テープを使用しました）

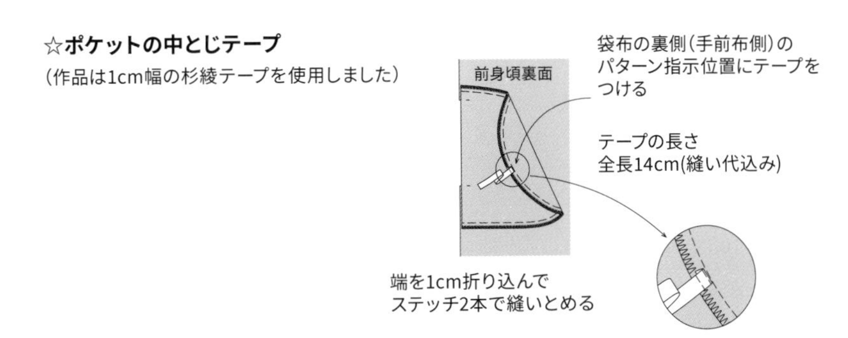
前身頃裏面
袋布の裏側（手前布側）のパターン指示位置にテープをつける
テープの長さ
全長14cm(縫い代込み)
端を1cm折り込んでステッチ2本で縫いとめる

⑧見返し端をステッチでとめる

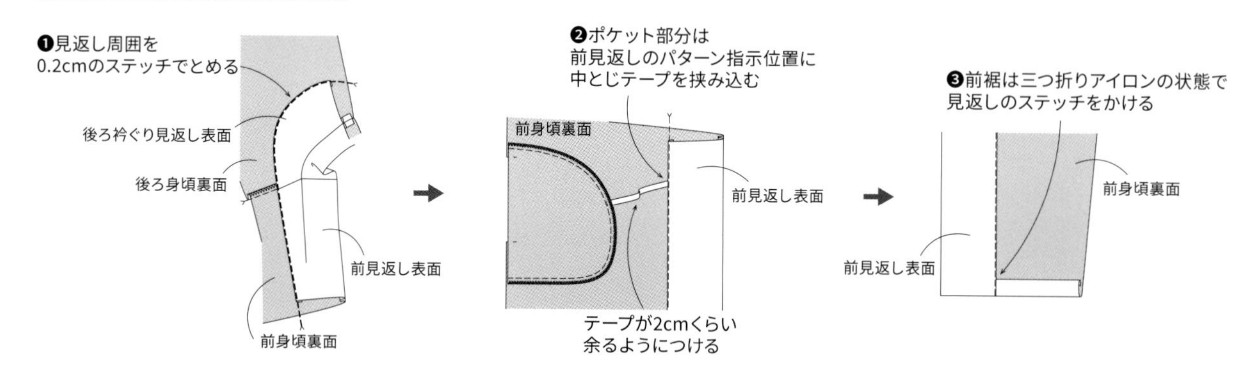
❶見返し周囲を
0.2cmのステッチでとめる
後ろ衿ぐり見返し表面
後ろ身頃裏面
前見返し表面
前身頃裏面
❷ポケット部分は
前見返しのパターン指示位置に
中とじテープを挟み込む
前身頃裏面
前見返し表面
テープが2cmくらい
余るようにつける
❸前裾は三つ折りアイロンの状態で
見返しのステッチをかける
前身頃裏面
前見返し表面

⑨脇線を縫って、ベルト通しをつける

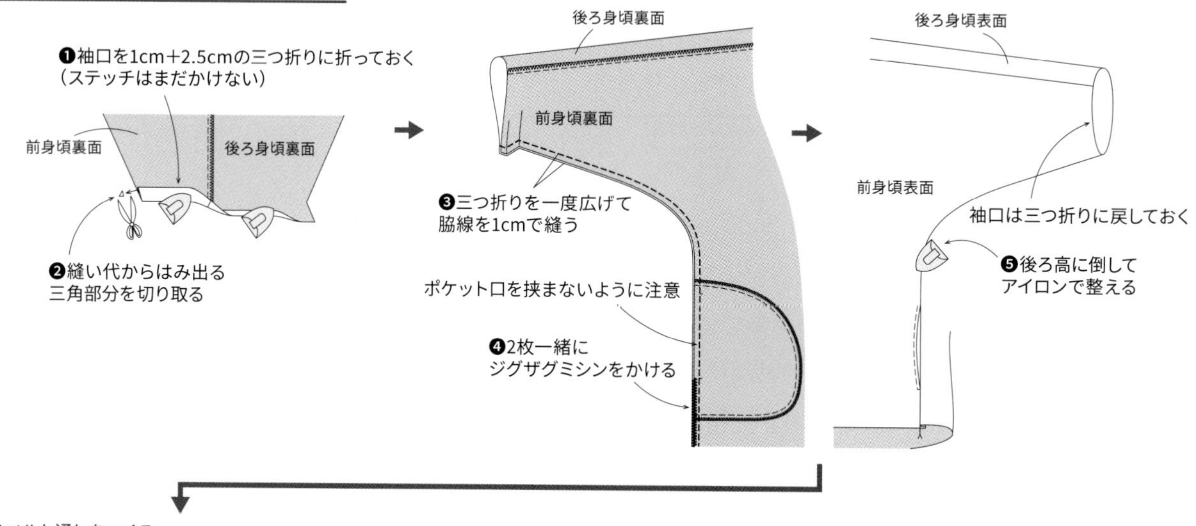
❶袖口を1cm＋2.5cmの三つ折りに折っておく
（ステッチはまだかけない）
前身頃裏面
後ろ身頃裏面
❷縫い代からはみ出る
三角部分を切り取る
後ろ身頃裏面
前身頃裏面
❸三つ折りを一度広げて
脇線を1cmで縫う
ポケット口を挟まないように注意
❹2枚一緒に
ジグザグミシンをかける
後ろ身頃表面
前身頃表面
袖口は三つ折りに戻しておく
❺後ろ高に倒して
アイロンで整える

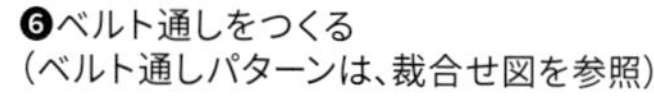
❻ベルト通しをつくる
（ベルト通しパターンは、裁合せ図を参照）

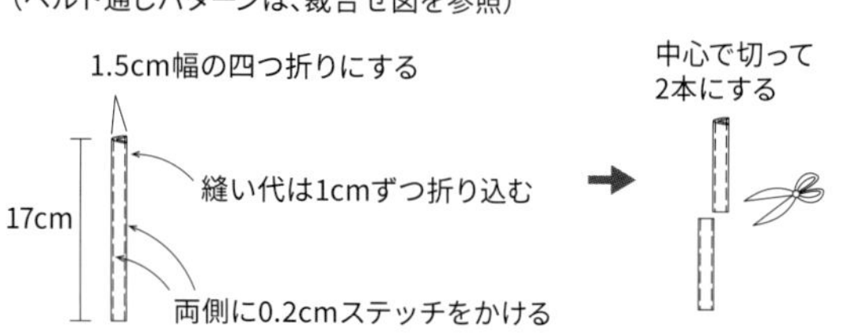
1.5cm幅の四つ折りにする
17cm
縫い代は1cmずつ折り込む
両側に0.2cmステッチをかける
中心で切って
2本にする

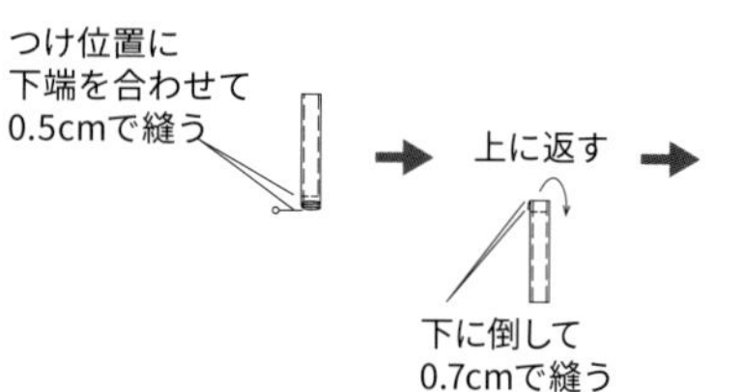
❼パターンの位置にベルト通しをつける
つけ位置に
下端を合わせて
0.5cmで縫う
上に返す
下に倒して
0.7cmで縫う
上端は1cmで二つ折りにして
カンヌキでとめつける（※）
※2〜3往復の返し縫いのこと

⑩袖口と裾を縫う

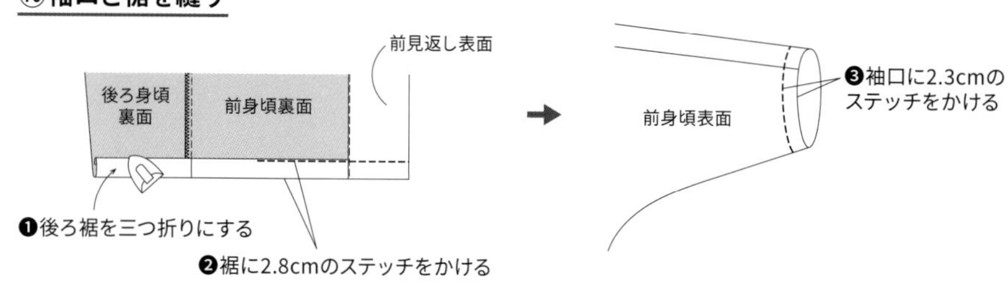
前見返し表面
後ろ身頃
裏面
前身頃裏面
❶後ろ裾を三つ折りにする
❷裾に2.8cmのステッチをかける
前身頃表面
❸袖口に2.3cmの
ステッチをかける

⑪ベルトをつくる

※ベルトパターンのつくり方はp.45参照

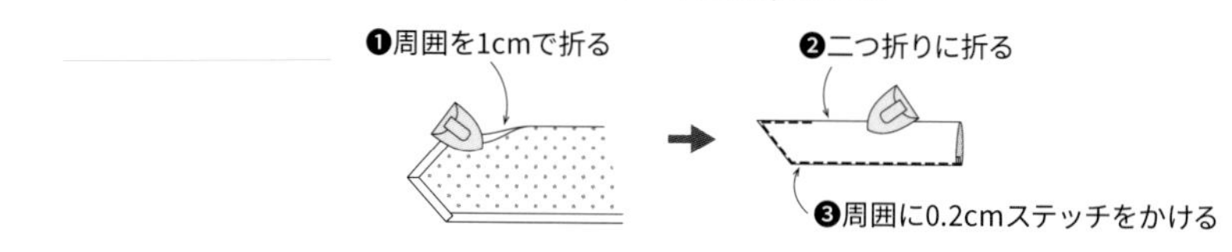
❶周囲を1cmで折る
❷二つ折りに折る
❸周囲に0.2cmステッチをかける

C リネンのニュー・トレンチコート photo(p.12) 実物大パターン 2表

仕上りサイズ(左からsize1/size2)

着丈　104.5 / 107.5cm
バスト　126 / 132cm
裾回り　141.5 / 147.5cm
ゆき丈　78 / 81cm
袖口　32.5 / 34.5cm

材料(春秋素材)

表地:リネン　148cm幅
480cm(size1)　490cm(size2)
(「1/25リネンTOPヘリンボーンツイード」小原屋繊維)
別布:ポケット袋布(スレキ)
110cm幅　50cm
接着芯①普通(90cm幅)　210cm
接着芯②硬め(90cm幅)　50cm
伸び止めテープ(1cm幅ハーフバイアス)
55cm
ボタン(直径2.3cm)　11個
バックル(5cm)　2個
杉綾テープ(1cm幅)　11cm
グログランテープ(3.5cm幅)　50cm
線コキ(3.5cm幅)　1個

つくり方順序(p.55〜60参照)

①接着芯と伸び止めテープををはる(p.26-A参照)
②各パーツをつくる
③箱ポケットをつくる
④前見返しをつくって、前端を縫い返す
⑤前見返しにライナー用テープをつける(p.29-E参照)
⑥脇線と裾を縫う
⑦後ろ中心を縫う
⑧袖をつくる
⑨袖ぐりを縫う
⑩衿をつける
⑪ボタンホールをあけて、ボタンをつける
⑫ポケット袋布の中とじと、肩章・袖口ベルトをつける

裁合せ図<表地>

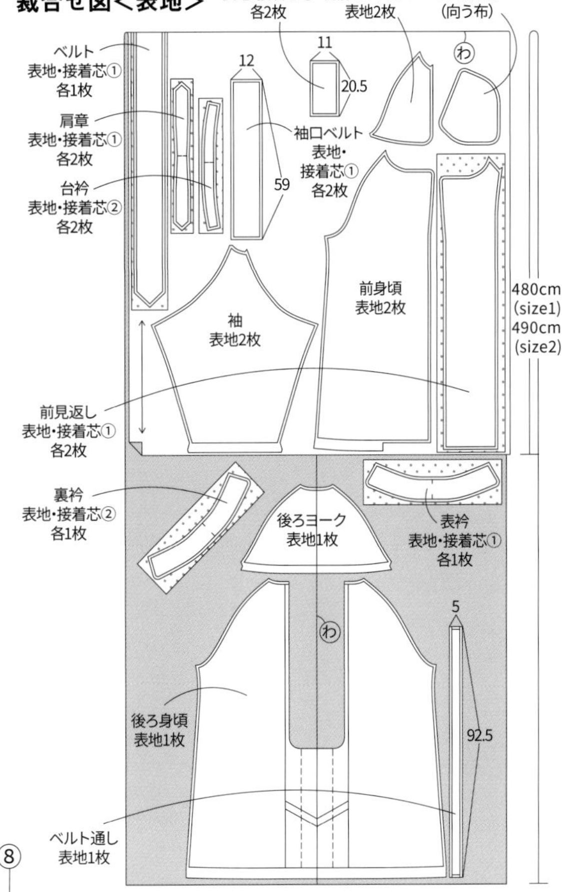
袋布
表地・別布
各2枚
箱布
表地・接着芯①
各2枚
右前ガンパッチ
表地2枚
袋布2枚だけ
表地使用
(向う布)
わ
11
20.5
12
59
ベルト
表地・接着芯①
各1枚
肩章
表地・接着芯①
各2枚
台衿
表地・接着芯②
各2枚
袖口ベルト
表地・
接着芯①
各2枚
袖
表地2枚
前身頃
表地2枚
480cm
(size1)
490cm
(size2)
前見返し
表地・接着芯①
各2枚
裏衿
表地・接着芯②
各1枚
後ろヨーク
表地1枚
表衿
表地・接着芯①
各1枚
わ
5
後ろ身頃
表地1枚
92.5
ベルト通し
表地1枚
148cm幅

※後ろ身頃と後ろヨークは、中心を「わ」にして裁断してください。
※袖口ベルト・箱布・ベルト通しはパターンがありません。指定の寸法で裁断してください。

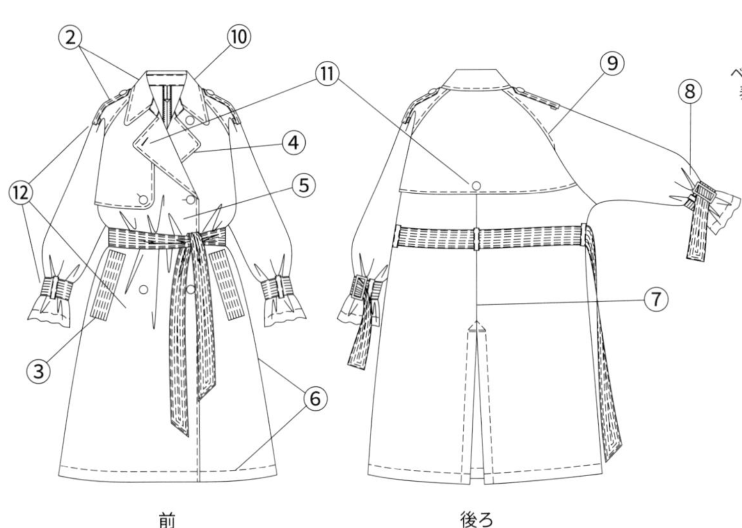
②
⑩
⑪
⑨
⑧
④
⑤
⑫
③
⑥
⑦
前
後ろ

接着芯、伸び止めテープをはる位置

※伸び止めテープは1か所だけ使用しました。
（ただし、薄い布地や伸びる布地を使用する場合は、衿ぐりや前端など
伸びてほしくない箇所にも伸び止めテープをはりましょう）

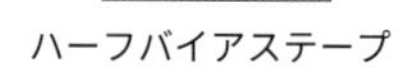

ハーフバイアステープ

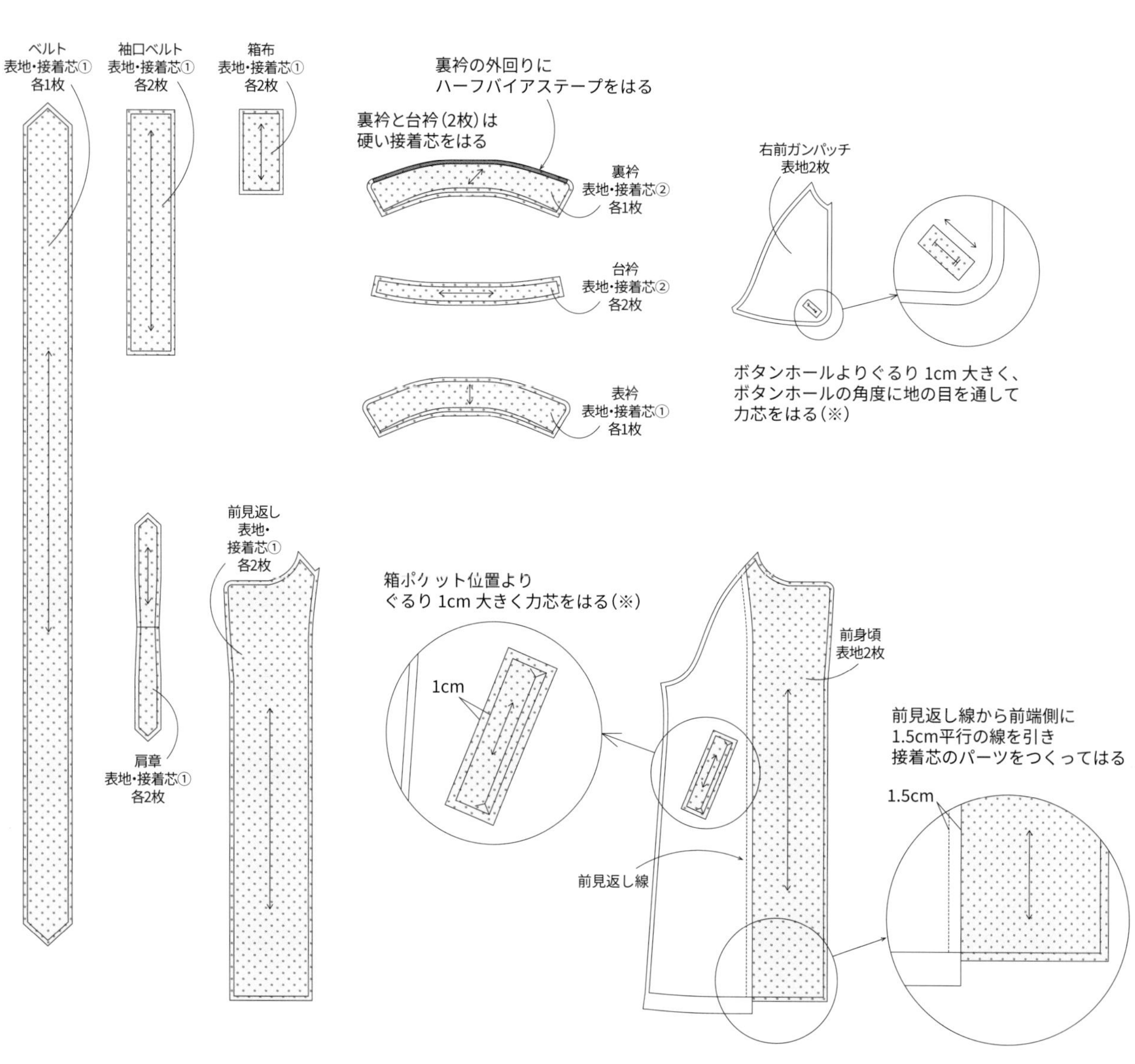
ベルト
表地・接着芯①
各1枚
袖口ベルト
表地・接着芯①
各2枚
箱布
表地・接着芯①
各2枚
裏衿の外回りに
ハーフバイアステープをはる
裏衿と台衿（2枚）は
硬い接着芯をはる
裏衿
表地・接着芯②
各1枚
台衿
表地・接着芯②
各2枚
表衿
表地・接着芯①
各1枚
右前ガンパッチ
表地2枚
ボタンホールよりぐるり 1cm 大きく、
ボタンホールの角度に地の目を通して
力芯をはる（※）
前見返し
表地・
接着芯①
各2枚
肩章
表地・接着芯①
各2枚
箱ポケット位置より
ぐるり 1cm 大きく力芯をはる（※）
1cm
前身頃
表地2枚
前見返し線
前見返し線から前端側に
1.5cm平行の線を引き
接着芯のパーツをつくってはる
1.5cm

※力芯とは、縫い代に切込みを入れる部分や、
力が加わると布地が裂けてしまいそうな部分の補強として、
ミシンをかける前にはっておく接着芯のこと。

つくり方

②各パーツをつくる

細かいパーツを先につくっておくと
効率よく縫い進めることができます。

☆衿をつくる

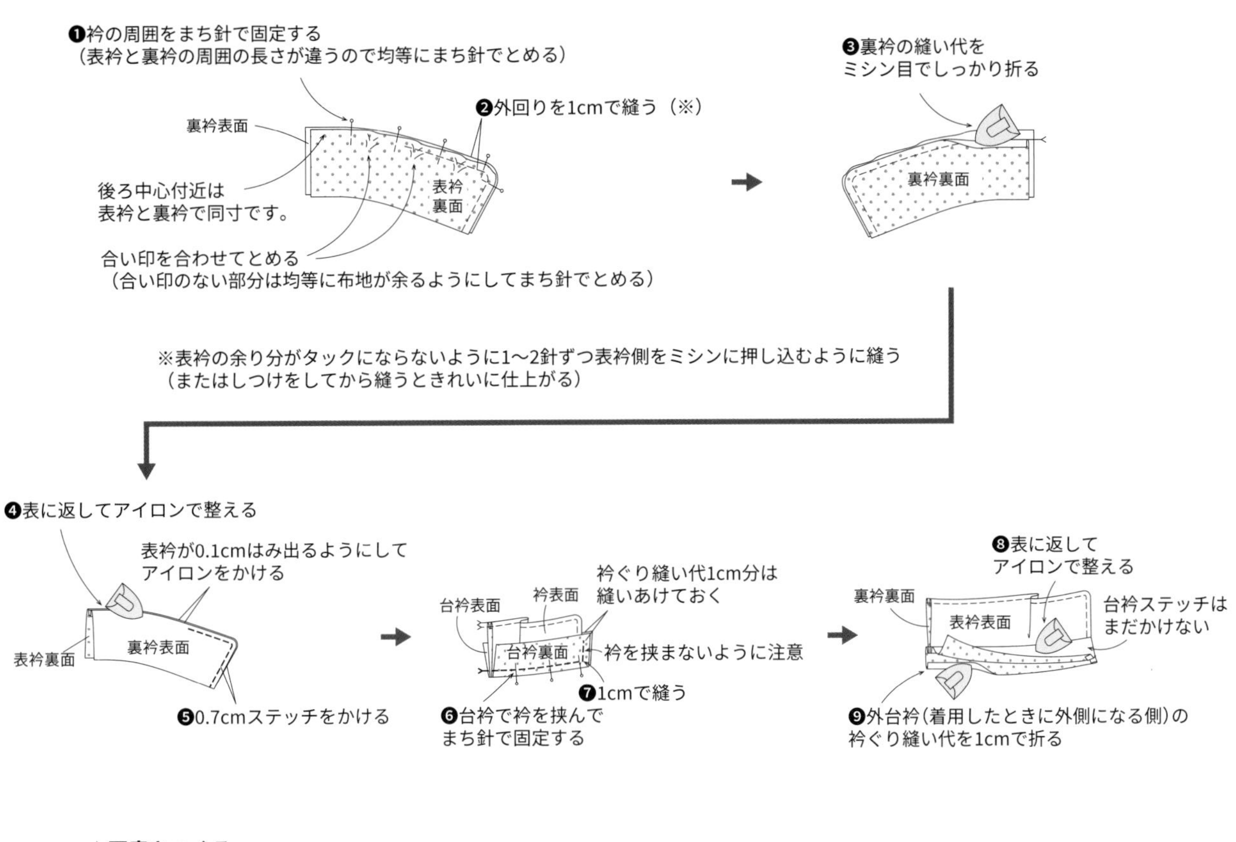
❶衿の周囲をまち針で固定する
（表衿と裏衿の周囲の長さが違うので均等にまち針でとめる）
裏衿表面
❷外回りを1cmで縫う（※）
後ろ中心付近は
表衿と裏衿で同寸です。
表衿
裏面
合い印を合わせてとめる
（合い印のない部分は均等に布地が余るようにしてまち針でとめる）
❸裏衿の縫い代を
ミシン目でしっかり折る
裏衿裏面
※表衿の余り分がタックにならないように1〜2針ずつ表衿側をミシンに押し込むように縫う
（またはしつけをしてから縫うときれいに仕上がる）
❹表に返してアイロンで整える
表衿が0.1cmはみ出るようにして
アイロンをかける
表衿裏面
裏衿表面
❺0.7cmステッチをかける
台衿表面
衿表面
衿ぐり縫い代1cm分は
縫いあけておく
台衿裏面
衿を挟まないように注意
❼1cmで縫う
❻台衿で衿を挟んで
まち針で固定する
❽表に返して
アイロンで整える
裏衿裏面
表衿表面
台衿ステッチは
まだかけない
❾外台衿（着用したときに外側になる側）の
衿ぐり縫い代を1cmで折る

☆肩章をつくる

❶周囲の縫い代を1cmで折る
肩章表面
❷中心を二つ折りに折る
❸周囲を突合せに重ねて
0.2cm+0.7cmステッチで閉じる
肩章表面

☆右前ガンパッチをつくる

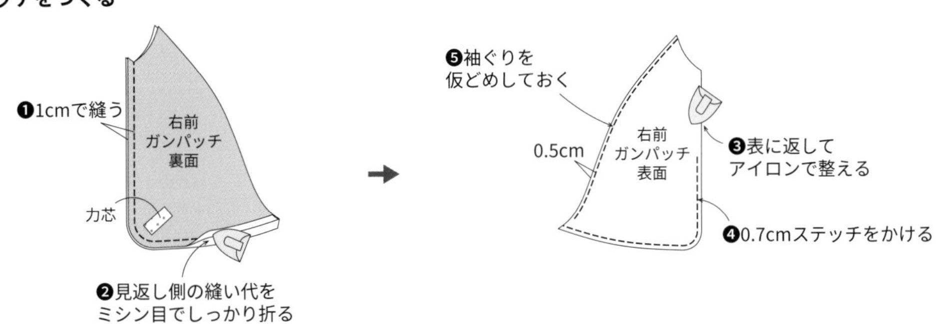
❶1cmで縫う
右前
ガンパッチ
裏面
力芯
❷見返し側の縫い代を
ミシン目でしっかり折る
❺袖ぐりを
仮どめしておく
0.5cm
右前
ガンパッチ
表面
❸表に返して
アイロンで整える
❹0.7cmステッチをかける

☆後ろヨークをつくる

☆袖口ベルトをつくる

（袖口ベルトパターンは、裁合せ図を参照）

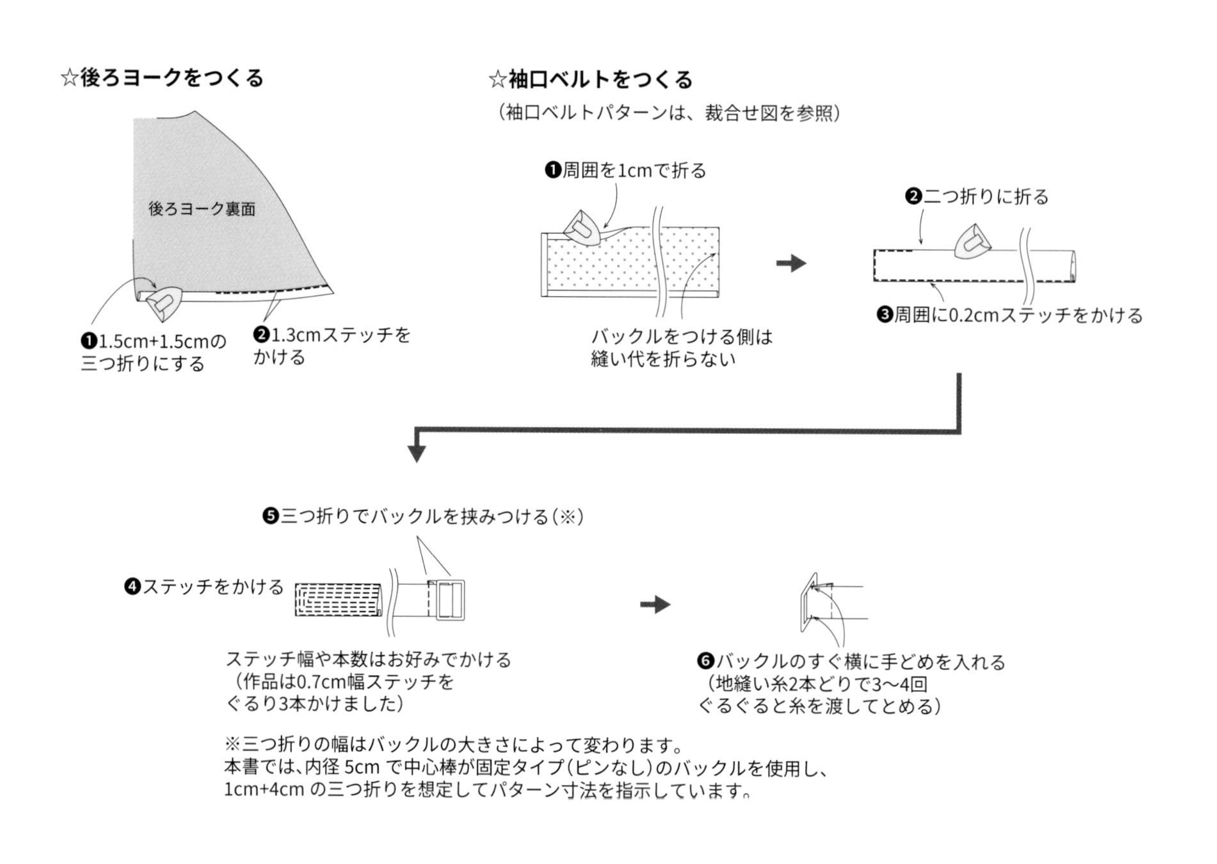

後ろヨーク裏面
❶1.5cm+1.5cmの
三つ折りにする
❷1.3cmステッチを
かける
❶周囲を1cmで折る
バックルをつける側は
縫い代を折らない
❷二つ折りに折る
❸周囲に0.2cmステッチをかける

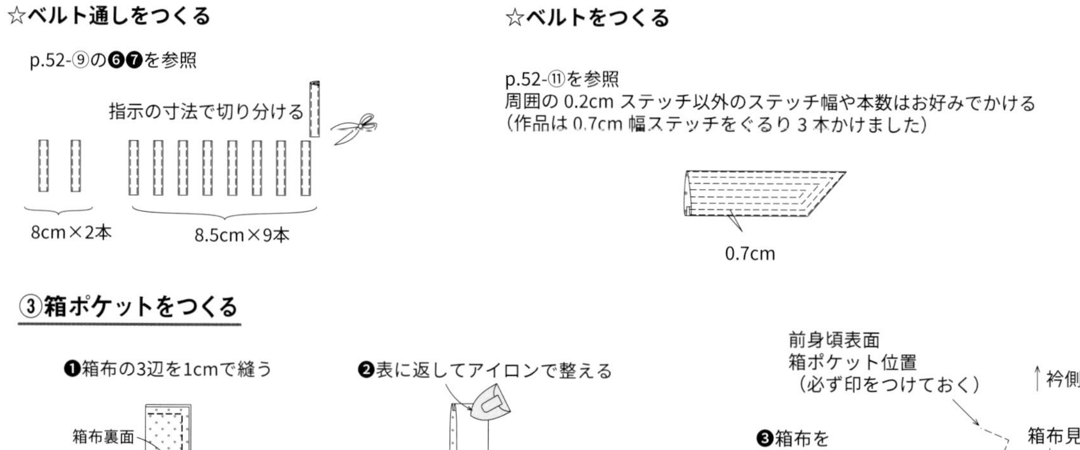

❺三つ折りでバックルを挟みつける（※）
❹ステッチをかける
ステッチ幅や本数はお好みでかける
（作品は0.7cm幅ステッチを
ぐるり3本かけました）
❻バックルのすぐ横に手どめを入れる
（地縫い糸2本どりで3〜4回
ぐるぐると糸を渡してとめる）

※三つ折りの幅はバックルの大きさによって変わります。
本書では、内径 5cm で中心棒が固定タイプ（ピンなし）のバックルを使用し、
1cm+4cm の三つ折りを想定してパターン寸法を指示しています。

☆ベルト通しをつくる

p.52-⑨の❻❼を参照

指示の寸法で切り分ける
8cm×2本
8.5cm×9本

☆ベルトをつくる

p.52-⑪を参照
周囲の 0.2cm ステッチ以外のステッチ幅や本数はお好みでかける
（作品は 0.7cm 幅ステッチをぐるり 3 本かけました）

0.7cm

③箱ポケットをつくる

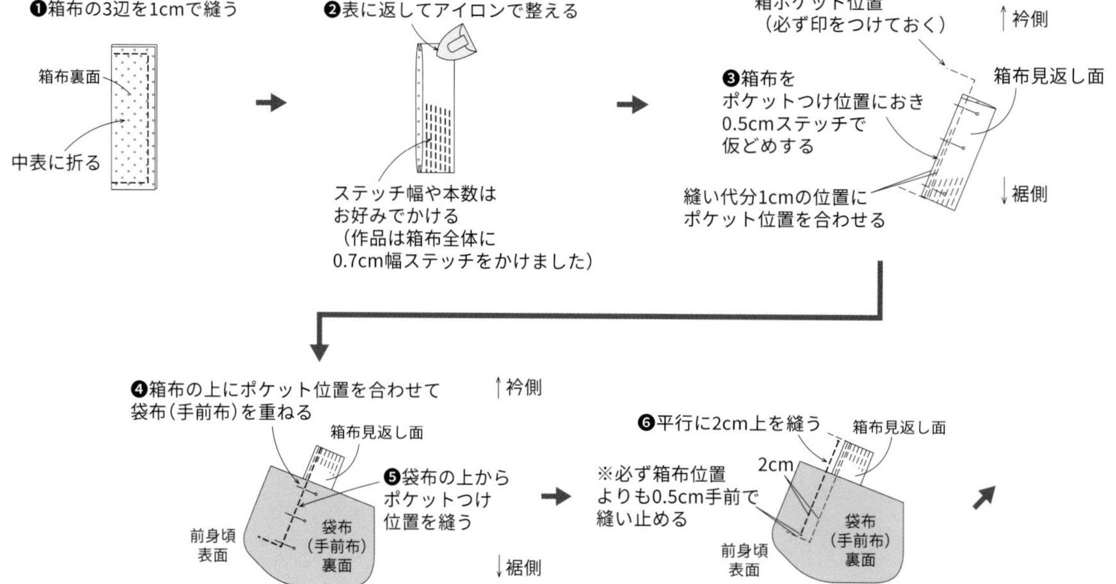

❶箱布の3辺を1cmで縫う
箱布裏面
中表に折る
❷表に返してアイロンで整える
ステッチ幅や本数は
お好みでかける
（作品は箱布全体に
0.7cm幅ステッチをかけました）
前身頃表面
箱ポケット位置
（必ず印をつけておく）
↑衿側
❸箱布を
ポケットつけ位置におき
0.5cmステッチで
仮どめする
箱布見返し面
縫い代分1cmの位置に
ポケット位置を合わせる
↓裾側
❹箱布の上にポケット位置を合わせて
袋布（手前布）を重ねる
↑衿側
箱布見返し面
❺袋布の上から
ポケットつけ
位置を縫う
前身頃
表面
袋布
（手前布）
裏面
↓裾側
❻平行に2cm上を縫う
箱布見返し面
※必ず箱布位置
よりも0.5cm手前で
縫い止める
2cm
前身頃
表面
袋布
（手前布）
裏面

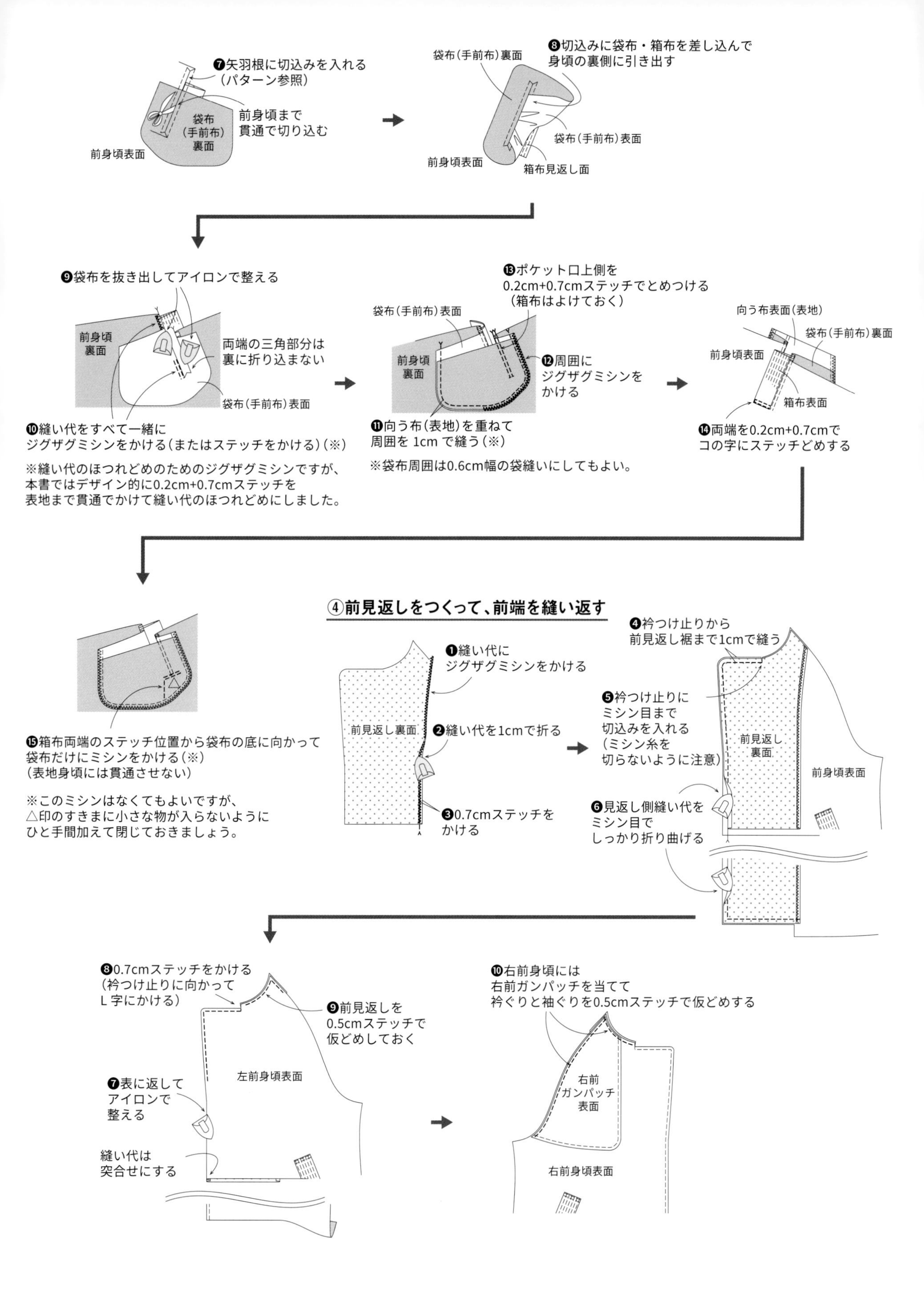

❼矢羽根に切込みを入れる
(パターン参照)
前身頃まで
貫通で切り込む
袋布
(手前布)
裏面
前身頃表面
袋布(手前布)裏面
❽切込みに袋布・箱布を差し込んで
身頃の裏側に引き出す
袋布(手前布)表面
前身頃表面
箱布見返し面
❾袋布を抜き出してアイロンで整える
前身頃
裏面
両端の三角部分は
裏に折り込まない
袋布(手前布)表面
❿縫い代をすべて一緒に
ジグザグミシンをかける(またはステッチをかける)(※)
※縫い代のほつれどめのためのジグザグミシンですが、
本書ではデザイン的に0.2cm+0.7cmステッチを
表地まで貫通でかけて縫い代のほつれどめにしました。
⓭ポケット口上側を
0.2cm+0.7cmステッチでとめつける
(箱布はよけておく)
袋布(手前布)表面
前身頃
裏面
⓬周囲に
ジグザグミシンを
かける
⓫向う布(表地)を重ねて
周囲を 1cm で縫う(※)
※袋布周囲は0.6cm幅の袋縫いにしてもよい。
向う布表面(表地)
袋布(手前布)裏面
前身頃表面
箱布表面
⓮両端を0.2cm+0.7cmで
コの字にステッチどめする
⓯箱布両端のステッチ位置から袋布の底に向かって
袋布だけにミシンをかける(※)
(表地身頃には貫通させない)
※このミシンはなくてもよいですが、
△印のすきまに小さな物が入らないように
ひと手間加えて閉じておきましょう。
④前見返しをつくって、前端を縫い返す
❶縫い代に
ジグザグミシンをかける
前見返し裏面
❷縫い代を1cmで折る
❸0.7cmステッチを
かける
❹衿つけ止りから
前見返し裾まで1cmで縫う
❺衿つけ止りに
ミシン目まで
切込みを入れる
(ミシン糸を
切らないように注意)
前見返し
裏面
前身頃表面
❻見返し側縫い代を
ミシン目で
しっかり折り曲げる
❽0.7cmステッチをかける
(衿つけ止りに向かって
L 字にかける)
❾前見返しを
0.5cmステッチで
仮どめしておく
左前身頃表面
❼表に返して
アイロンで
整える
縫い代は
突合せにする
❿右前身頃には
右前ガンパッチを当てて
衿ぐりと袖ぐりを0.5cmステッチで仮どめする
右前
ガンパッチ
表面
右前身頃表面

⑥脇線と裾を縫う

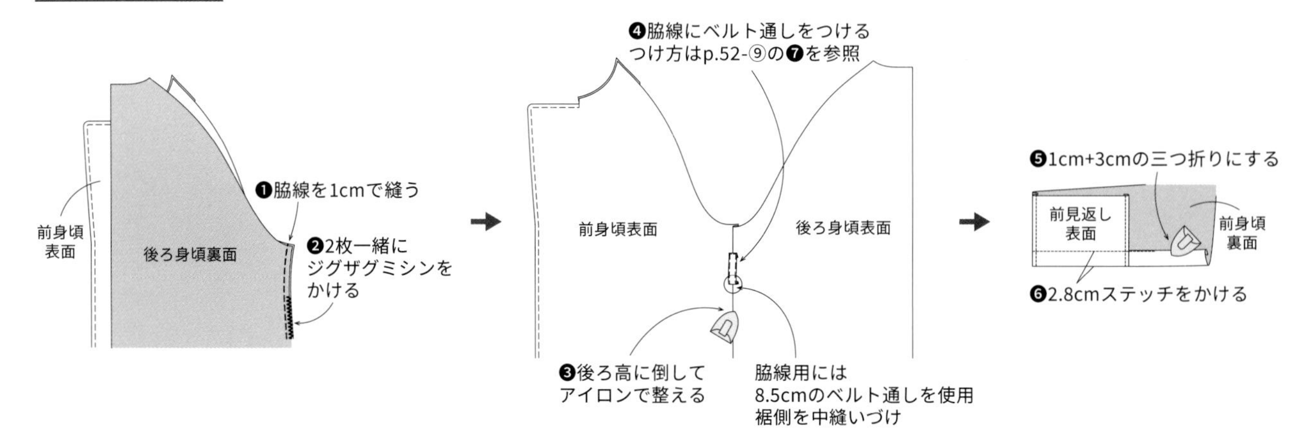
前身頃
表面
後ろ身頃裏面
❶脇線を1cmで縫う
❷2枚一緒に
ジグザグミシンを
かける
❹脇線にベルト通しをつける
つけ方はp.52-⑨の❼を参照
前身頃表面
後ろ身頃表面
❸後ろ高に倒して
アイロンで整える
脇線用には
8.5cmのベルト通しを使用
裾側を中縫いづけ
❺1cm+3cmの三つ折りにする
前見返し
表面
前身頃
裏面
❻2.8cmステッチをかける

⑦後ろ中心を縫う

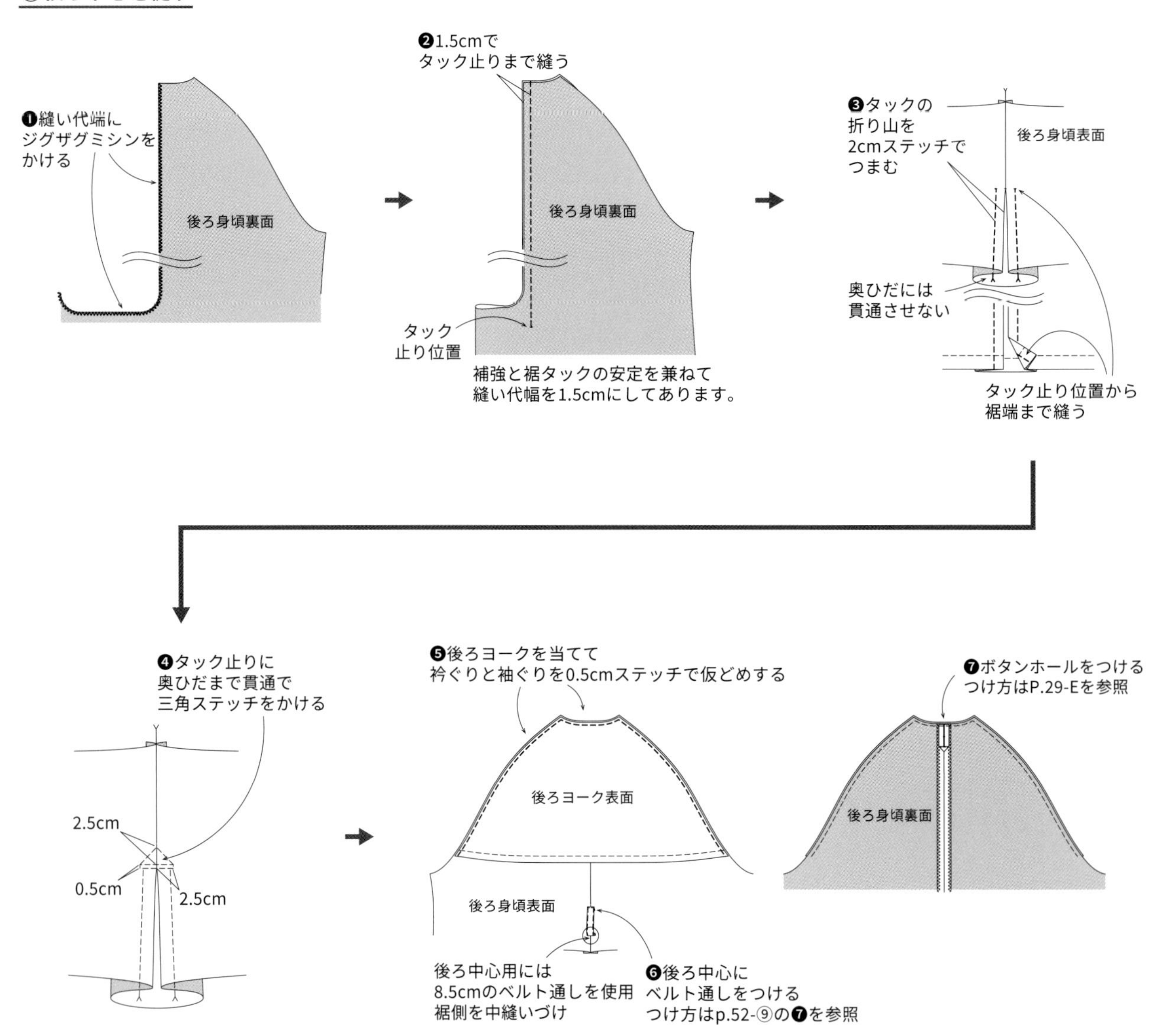
❶縫い代端に
ジグザグミシンを
かける
後ろ身頃裏面
❷1.5cmで
タック止りまで縫う
後ろ身頃裏面
タック
止り位置
補強と裾タックの安定を兼ねて
縫い代幅を1.5cmにしてあります。
❸タックの
折り山を
2cmステッチで
つまむ
後ろ身頃表面
奥ひだには
貫通させない
タック止り位置から
裾端まで縫う
❹タック止りに
奥ひだまで貫通で
三角ステッチをかける
2.5cm
0.5cm
2.5cm
❺後ろヨークを当てて
衿ぐりと袖ぐりを0.5cmステッチで仮どめする
後ろヨーク表面
後ろ身頃表面
後ろ中心用には
8.5cmのベルト通しを使用
裾側を中縫いづけ
❻後ろ中心に
ベルト通しをつける
つけ方はp.52-⑨の❼を参照
❼ボタンホールをつける
つけ方はP.29-Eを参照
後ろ身頃裏面

⑧袖をつくる

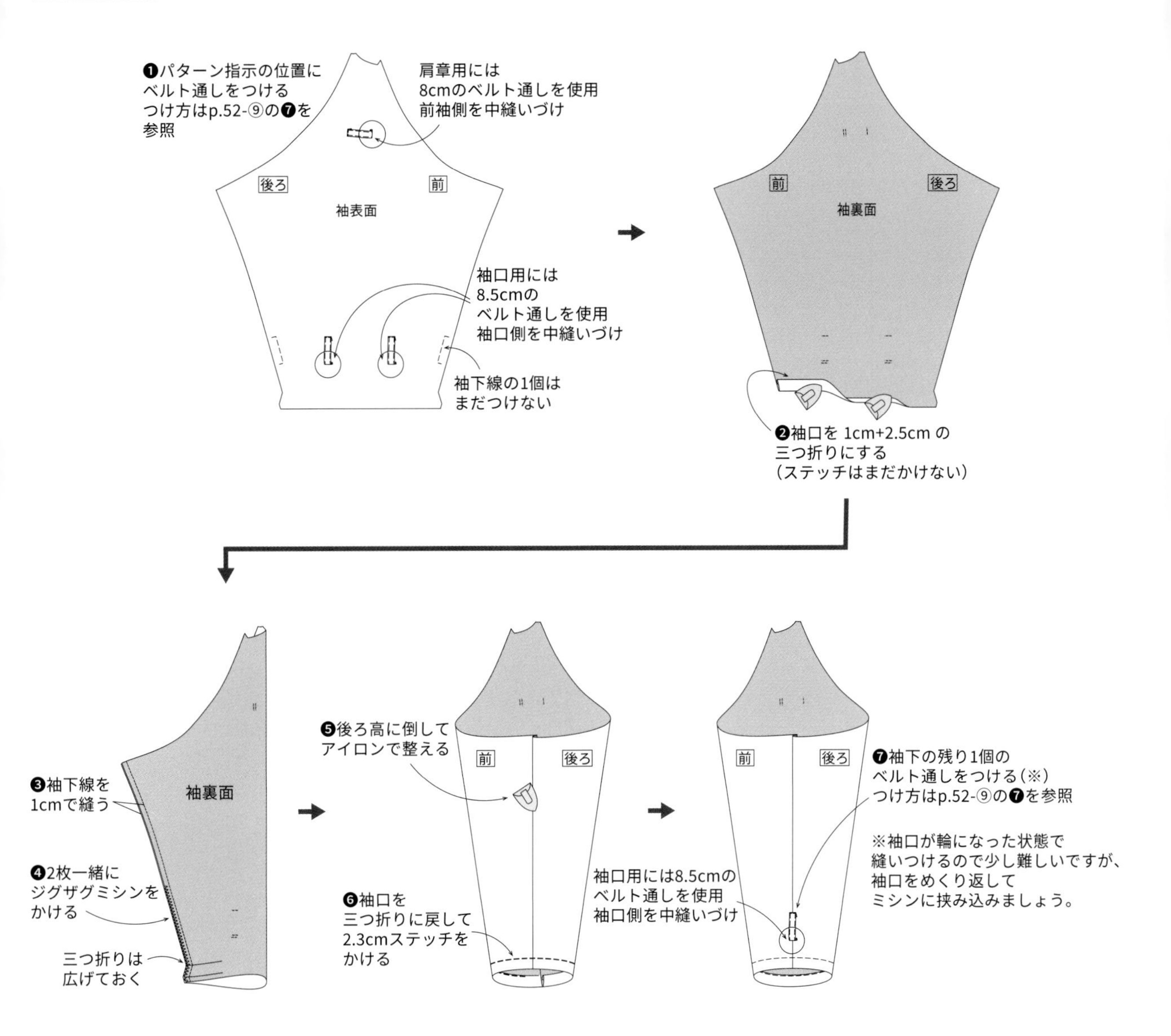

❶パターン指示の位置に
ベルト通しをつける
つけ方はp.52-⑨の❼を
参照
肩章用には
8cmのベルト通しを使用
前袖側を中縫いづけ
後ろ
前
袖表面
袖口用には
8.5cmの
ベルト通しを使用
袖口側を中縫いづけ
袖下線の1個は
まだつけない
前
後ろ
袖裏面
❷袖口を 1cm+2.5cm の
三つ折りにする
(ステッチはまだかけない)
❸袖下線を
1cmで縫う
袖裏面
❹2枚一緒に
ジグザグミシンを
かける
三つ折りは
広げておく
❺後ろ高に倒して
アイロンで整える
前
後ろ
❻袖口を
三つ折りに戻して
2.3cmステッチを
かける
袖口用には8.5cmの
ベルト通しを使用
袖口側を中縫いづけ
前
後ろ
❼袖下の残り1個の
ベルト通しをつける(※)
つけ方はp.52-⑨の❼を参照
※袖口が輪になった状態で
縫いつけるので少し難しいですが、
袖口をめくり返して
ミシンに挟み込みましょう。

⑨袖ぐりを縫う

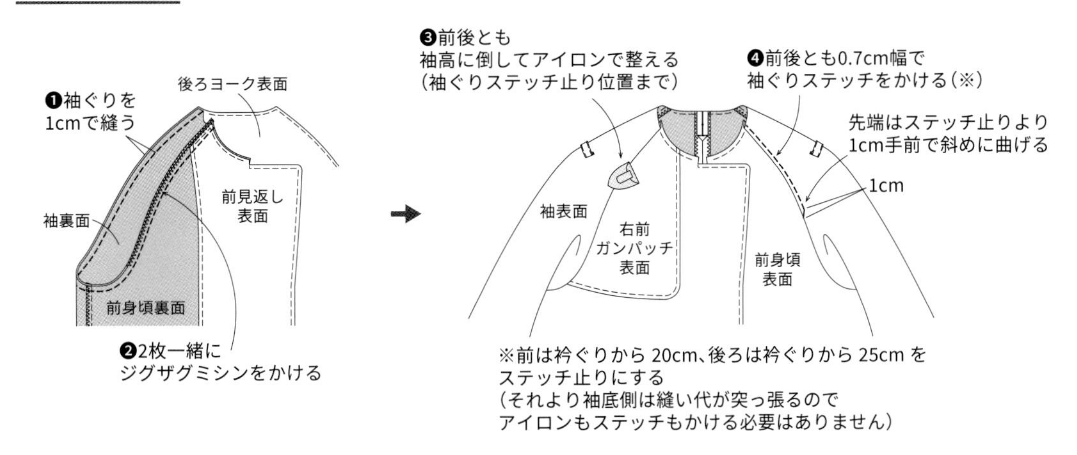

❶袖ぐりを
1cmで縫う
後ろヨーク表面
前見返し
表面
袖裏面
前身頃裏面
❷2枚一緒に
ジグザグミシンをかける
❸前後とも
袖高に倒してアイロンで整える
(袖ぐりステッチ止り位置まで)
❹前後とも0.7cm幅で
袖ぐりステッチをかける(※)
先端はステッチ止りより
1cm手前で斜めに曲げる
1cm
袖表面
右前
ガンパッチ
表面
前身頃
表面
※前は衿ぐりから 20cm、後ろは衿ぐりから 25cm を
ステッチ止りにする
(それより袖底側は縫い代が突っ張るので
アイロンもステッチもかける必要はありません)

⑩衿をつける

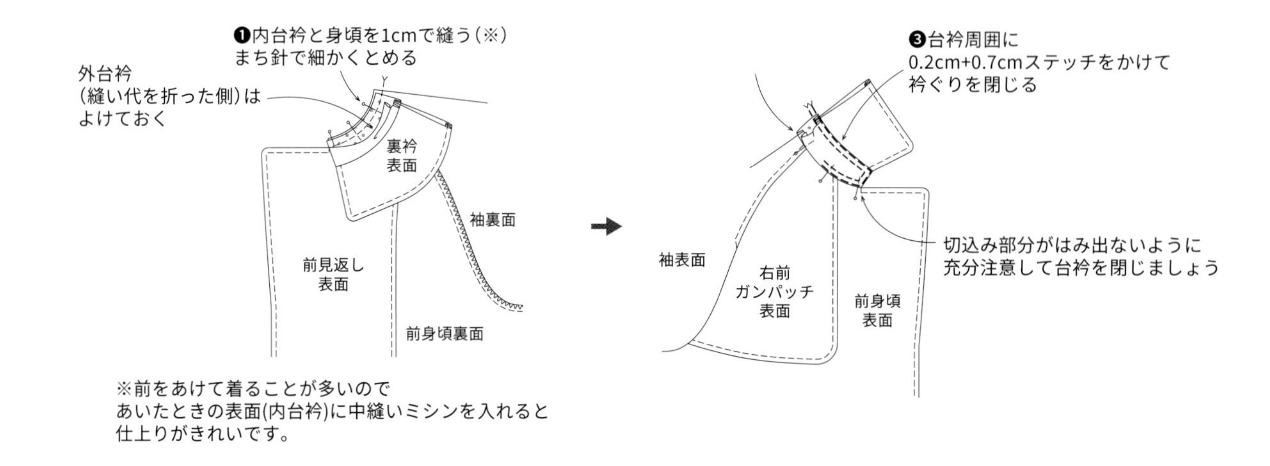

❶内台衿と身頃を1cmで縫う（※）
まち針で細かくとめる
外台衿
（縫い代を折った側）は
よけておく
裏衿
表面
袖裏面
前見返し
表面
前身頃裏面
❸台衿周囲に
0.2cm+0.7cmステッチをかけて
衿ぐりを閉じる
切込み部分がはみ出ないように
充分注意して台衿を閉じましょう
袖表面
右前
ガンパッチ
表面
前身頃
表面

※前をあけて着ることが多いので
あいたときの表面(内台衿)に中縫いミシンを入れると
仕上りがきれいです。

⑪ボタンホールをあけて、ボタンをつける

☆パターンの位置にボタンホールとボタンをつける

（作品は2.5cmのハトメ穴をあけて、ボタンは2.3cmを使用しました）

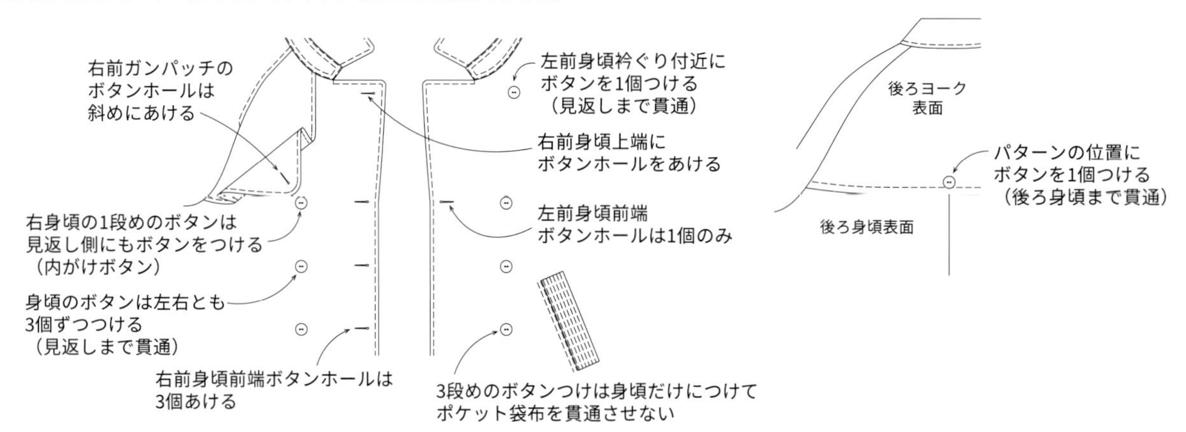

右前ガンパッチの
ボタンホールは
斜めにあける
左前身頃衿ぐり付近に
ボタンを1個つける
（見返しまで貫通）
右前身頃上端に
ボタンホールをあける
後ろヨーク
表面
パターンの位置に
ボタンを1個つける
（後ろ身頃まで貫通）
後ろ身頃表面
右身頃の1段めのボタンは
見返し側にもボタンをつける
（内がけボタン）
左前身頃前端
ボタンホールは1個のみ
身頃のボタンは左右とも
3個ずつつける
（見返しまで貫通）
右前身頃前端ボタンホールは
3個あける
3段めのボタンつけは身頃だけにつけて
ポケット袋布を貫通させない

⑫ポケット袋布の中とじと、肩章・袖口ベルトをつける

☆前見返しと袋布の交点を中とじする

☆肩章をつける

☆袖口ベルトをつける

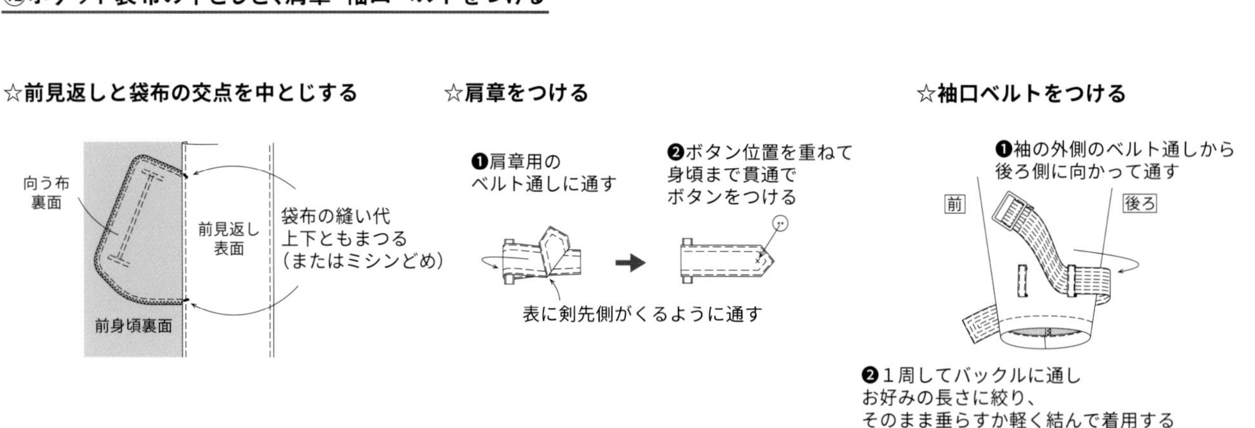

向う布
裏面
前見返し
表面
袋布の縫い代
上下ともまつる
（またはミシンどめ）
前身頃裏面
❶肩章用の
ベルト通しに通す
❷ボタン位置を重ねて
身頃まで貫通で
ボタンをつける
表に剣先側がくるように通す
❶袖の外側のベルト通しから
後ろ側に向かって通す
前
後ろ
❷１周してバックルに通し
お好みの長さに絞り、
そのまま垂らすか軽く結んで着用する

D コットンのゆったりモッズコート photo(p.14) 実物大パターン 2裏

仕上りサイズ（左からsize1/size2）

着丈　114 / 117cm
バスト　141.5 / 147.5cm
裾回り　187 / 193cm
ゆき丈　79.5 / 82.5cm
袖口　26 / 28cm

※裾回り寸法は裾ひもを絞る前の最大値です。
※袖口はゴムの仕上り寸法です。

材料（春秋素材）

表地:20sチノストレッチ　138cm幅
400cm(size1)　420cm(size2)
(品番11437　ソールパーノ)
接着芯（90cm幅）　150cm
ボタン（直径2cm）　5個
杉綾テープ（1cm幅）　11cm
グログランテープ（3.5cm幅）　50cm
線コキ（3.5cm幅）　1個
オープンファスナー（60cm）　1本
平ゴム（4cm幅）　65cm
コットンコード（太さ0.5cm）　310cm

つくり方順序（p.63〜67参照）

①接着芯をはる（p.26-A参照）
②ポケットをつくる
③ウエストと裾のボタンホールをあける
④ファスナーをつける
⑤前見返しと見返し肩ヨークにライナー用テープをつける（p.29-E参照）
⑥前見返しを縫う
⑦後ろ中心と肩ヨークを縫う
⑧袖山を縫って、袖下〜脇線を縫う
⑨袖口にカフスをつける
⑩ウエスト見返しをつける
⑪裾を始末する
⑫衿を縫う
⑬前立てを縫う
⑭前立てのボタンホール、ボタンつけ、中とじ、ひも通しをする

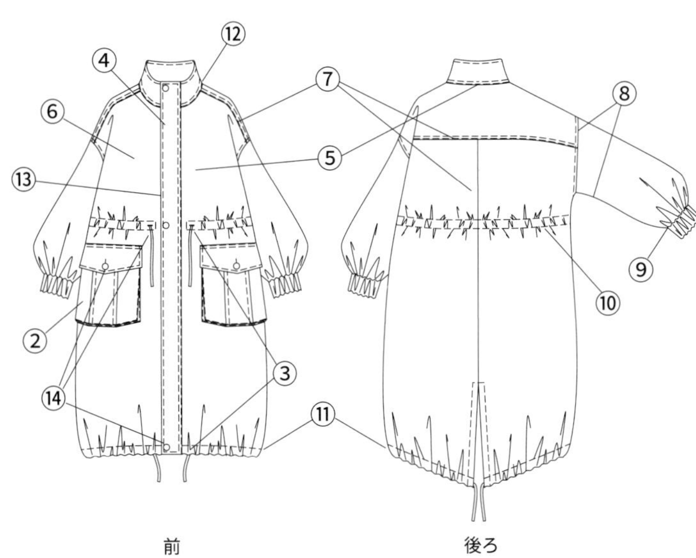

④
⑫
⑥
⑬
⑦
⑤
⑧
⑨
⑩
②
③
⑭
⑪
前
後ろ

裁合せ図

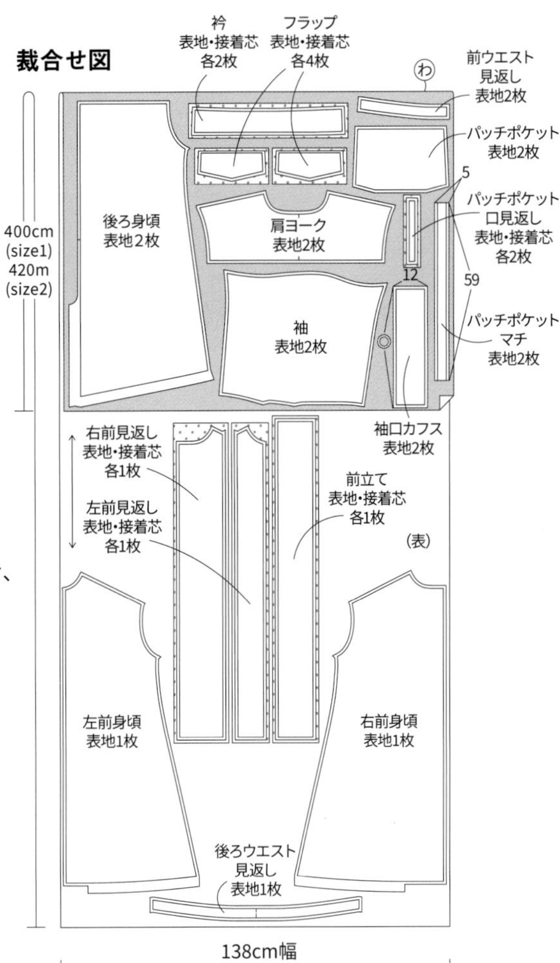

衿
表地・接着芯
各2枚
フラップ
表地・接着芯
各4枚
わ
前ウエスト
見返し
表地2枚
パッチポケット
表地2枚
5
パッチポケット
口見返し
表地・接着芯
各2枚
後ろ身頃
表地2枚
肩ヨーク
表地2枚
400cm
(size1)
420m
(size2)
12
59
袖
表地2枚
パッチポケット
マチ
表地2枚
袖口カフス
表地2枚
右前見返し
表地・接着芯
各1枚
左前見返し
表地・接着芯
各1枚
前立て
表地・接着芯
各1枚
（表）
左前身頃
表地1枚
右前身頃
表地1枚
後ろウエスト
見返し
表地1枚
138cm幅

※肩ヨークと後ろウエスト見返しは、「わ」を展開したパターンで裁断してください。
※ポケットマチとカフスはパターンがありません。指定の寸法で裁断してください。
（◎印 size1…41cm 、size2…43cm）

接着芯をはる位置

※伸び止めテープは使用しません。

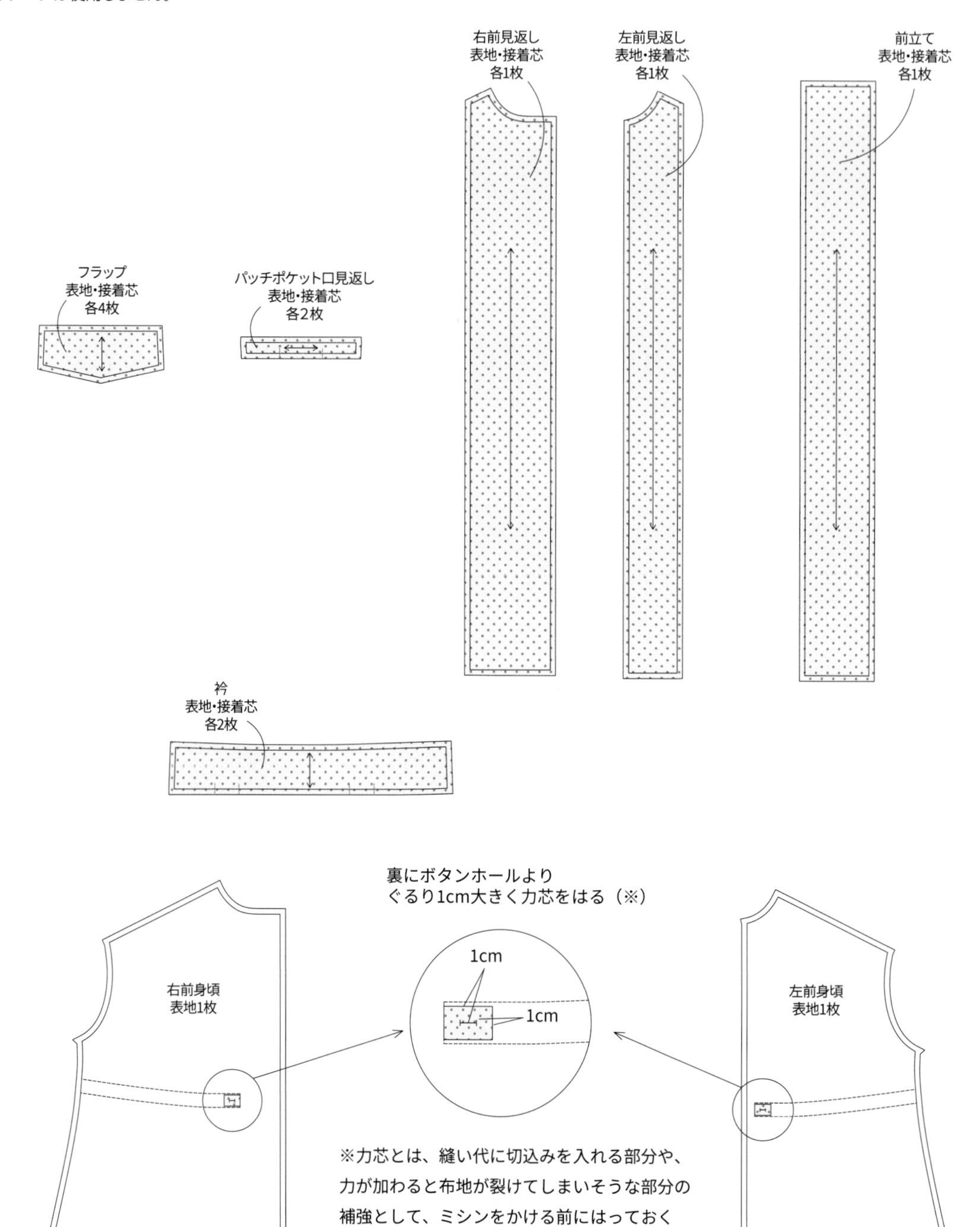

右前見返し
表地・接着芯
各1枚
左前見返し
表地・接着芯
各1枚
前立て
表地・接着芯
各1枚
フラップ
表地・接着芯
各4枚
パッチポケット口見返し
表地・接着芯
各2枚
衿
表地・接着芯
各2枚
裏にボタンホールより
ぐるり1cm大きく力芯をはる（※）
1cm
1cm
右前身頃
表地1枚
左前身頃
表地1枚

※力芯とは、縫い代に切込みを入れる部分や、力が加わると布地が裂けてしまいそうな部分の補強として、ミシンをかける前にはっておく接着芯のこと。

つくり方

②ポケットをつくる

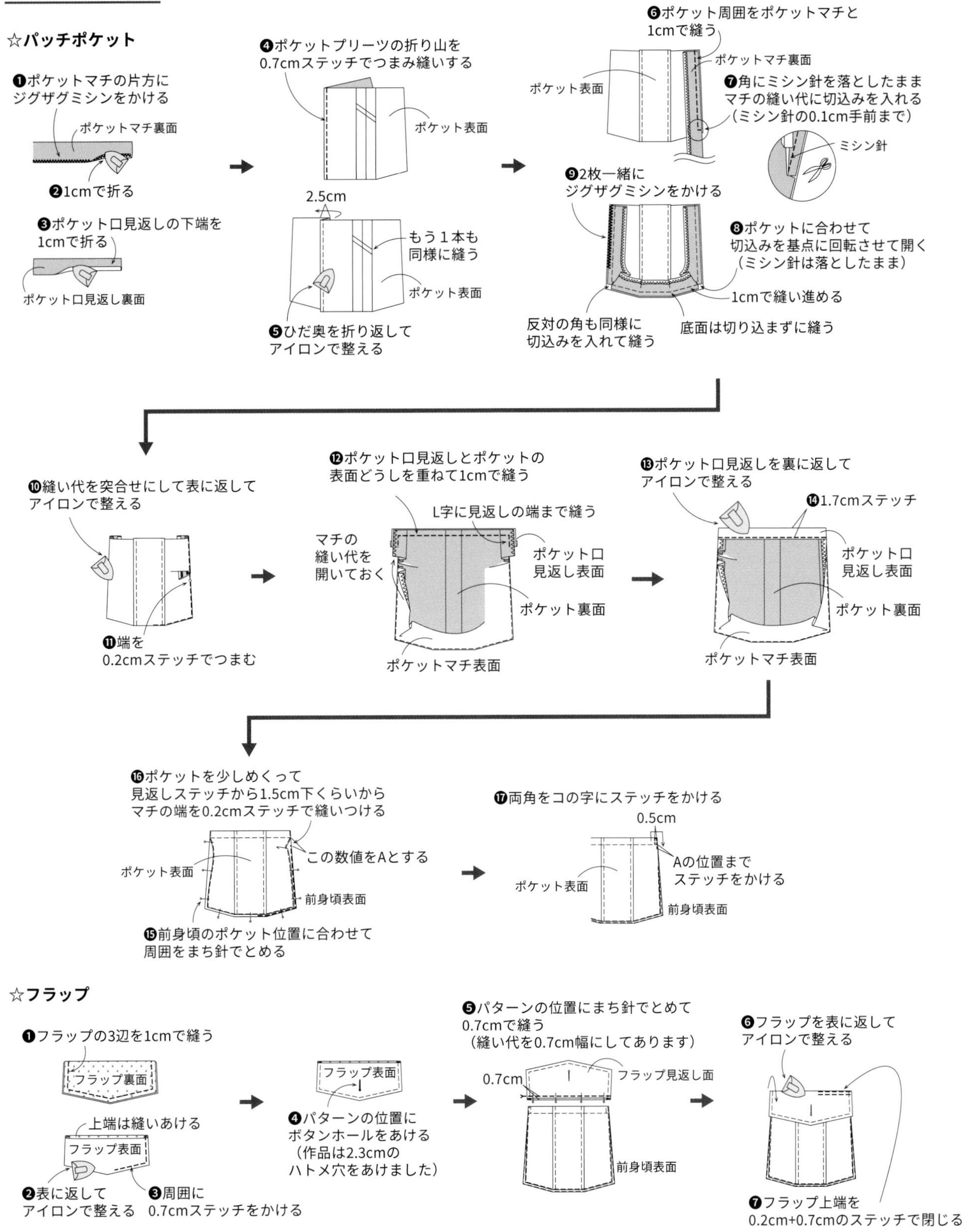

☆パッチポケット
❶ポケットマチの片方に
ジグザグミシンをかける
ポケットマチ裏面
❷1cmで折る
❸ポケット口見返しの下端を
1cmで折る
ポケット口見返し裏面
❹ポケットプリーツの折り山を
0.7cmステッチでつまみ縫いする
ポケット表面
2.5cm
もう１本も
同様に縫う
ポケット表面
❺ひだ奥を折り返して
アイロンで整える
❻ポケット周囲をポケットマチと
1cmで縫う
ポケットマチ裏面
ポケット表面
❼角にミシン針を落としたまま
マチの縫い代に切込みを入れる
（ミシン針の0.1cm手前まで）
ミシン針
❾2枚一緒に
ジグザグミシンをかける
❽ポケットに合わせて
切込みを基点に回転させて開く
（ミシン針は落としたまま）
1cmで縫い進める
反対の角も同様に
切込みを入れて縫う
底面は切り込まずに縫う
❿縫い代を突合せにして表に返して
アイロンで整える
⓫端を
0.2cmステッチでつまむ
⓬ポケット口見返しとポケットの
表面どうしを重ねて1cmで縫う
L字に見返しの端まで縫う
マチの
縫い代を
開いておく
ポケット口
見返し表面
ポケット裏面
ポケットマチ表面
⓭ポケット口見返しを裏に返して
アイロンで整える
⓮1.7cmステッチ
ポケット口
見返し表面
ポケット裏面
ポケットマチ表面
⓰ポケットを少しめくって
見返しステッチから1.5cm下くらいから
マチの端を0.2cmステッチで縫いつける
この数値をAとする
ポケット表面
前身頃表面
⓯前身頃のポケット位置に合わせて
周囲をまち針でとめる
⓱両角をコの字にステッチをかける
0.5cm
Aの位置まで
ステッチをかける
ポケット表面
前身頃表面
☆フラップ
❶フラップの3辺を1cmで縫う
フラップ裏面
上端は縫いあける
フラップ表面
❷表に返して
アイロンで整える
❸周囲に
0.7cmステッチをかける
フラップ表面
❹パターンの位置に
ボタンホールをあける
（作品は2.3cmの
ハトメ穴をあけました）
❺パターンの位置にまち針でとめて
0.7cmで縫う
（縫い代を0.7cm幅にしてあります）
0.7cm
フラップ見返し面
前身頃表面
❻フラップを表に返して
アイロンで整える
❼フラップ上端を
0.2cm+0.7cmのステッチで閉じる

③ウエストと裾のボタンホールをあける

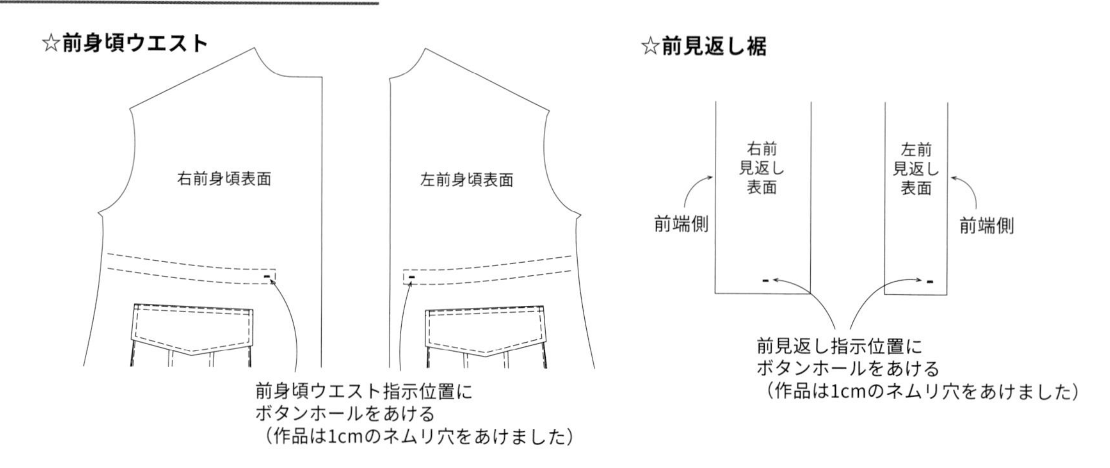

☆前身頃ウエスト
右前身頃表面
左前身頃表面
前身頃ウエスト指示位置に
ボタンホールをあける
（作品は1cmのネムリ穴をあけました）
☆前見返し裾
右前
見返し
表面
左前
見返し
表面
前端側
前端側
前見返し指示位置に
ボタンホールをあける
（作品は1cmのネムリ穴をあけました）

④ファスナーをつける

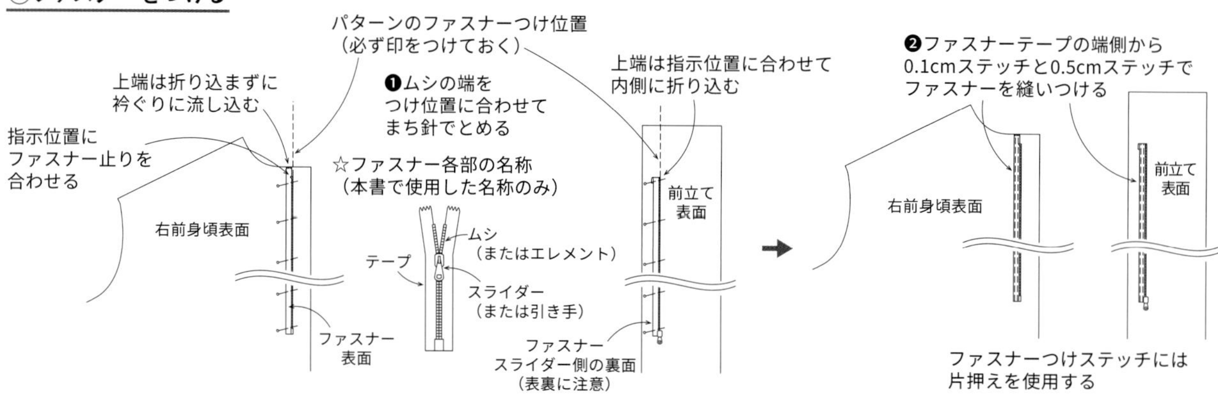

パターンのファスナーつけ位置
（必ず印をつけておく）
上端は折り込まずに
衿ぐりに流し込む
指示位置に
ファスナー止りを
合わせる
右前身頃表面
ファスナー
表面
❶ムシの端を
つけ位置に合わせて
まち針でとめる
☆ファスナー各部の名称
（本書で使用した名称のみ）
ムシ
（またはエレメント）
テープ
スライダー
（または引き手）
上端は指示位置に合わせて
内側に折り込む
前立て
表面
ファスナー
スライダー側の裏面
（表裏に注意）
❷ファスナーテープの端側から
0.1cmステッチと0.5cmステッチで
ファスナーを縫いつける
右前身頃表面
前立て
表面
ファスナーつけステッチには
片押えを使用する

⑥前見返しを縫う

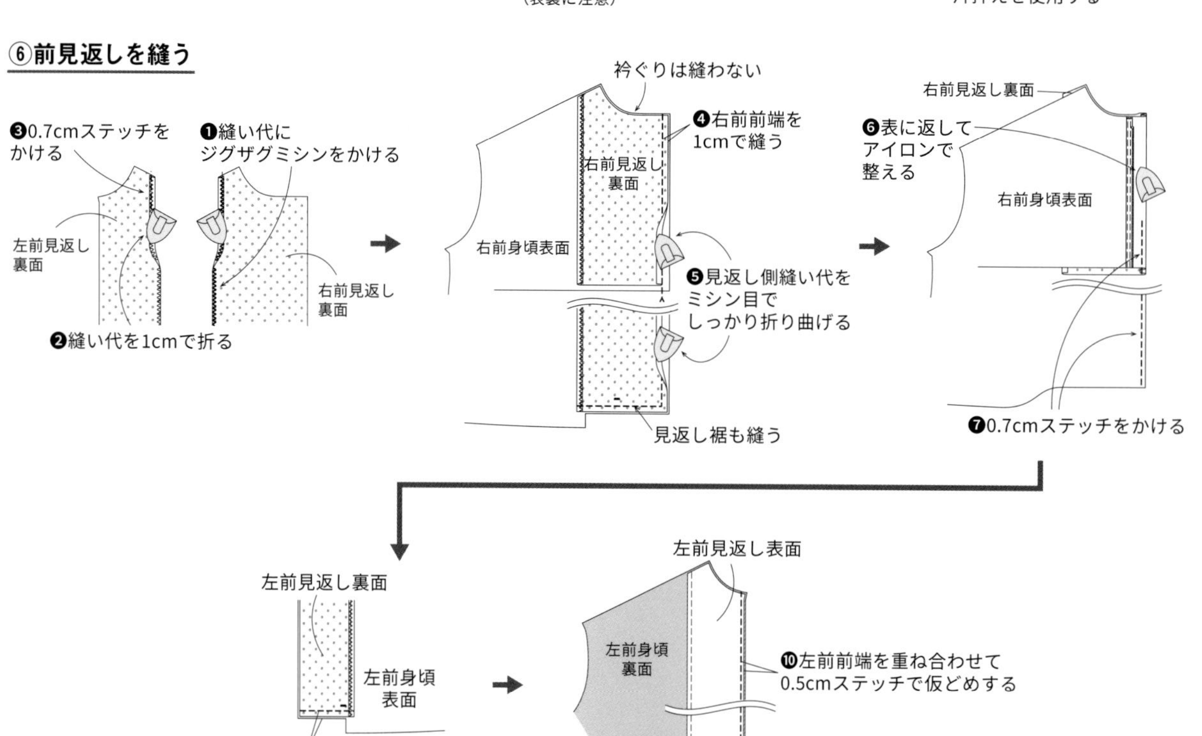

❸0.7cmステッチを
かける
❶縫い代に
ジグザグミシンをかける
左前見返し
裏面
右前見返し
裏面
❷縫い代を1cmで折る
衿ぐりは縫わない
❹右前前端を
1cmで縫う
右前見返し
裏面
右前身頃表面
❺見返し側縫い代を
ミシン目で
しっかり折り曲げる
見返し裾も縫う
右前見返し裏面
❻表に返して
アイロンで
整える
右前身頃表面
❼0.7cmステッチをかける
左前見返し裏面
左前身頃
表面
❽左前見返し裾を
1cmで縫う
左前見返し表面
左前身頃
裏面
❿左前前端を重ね合わせて
0.5cmステッチで仮どめする
❾前見返し裾を表に返して
アイロンで整える

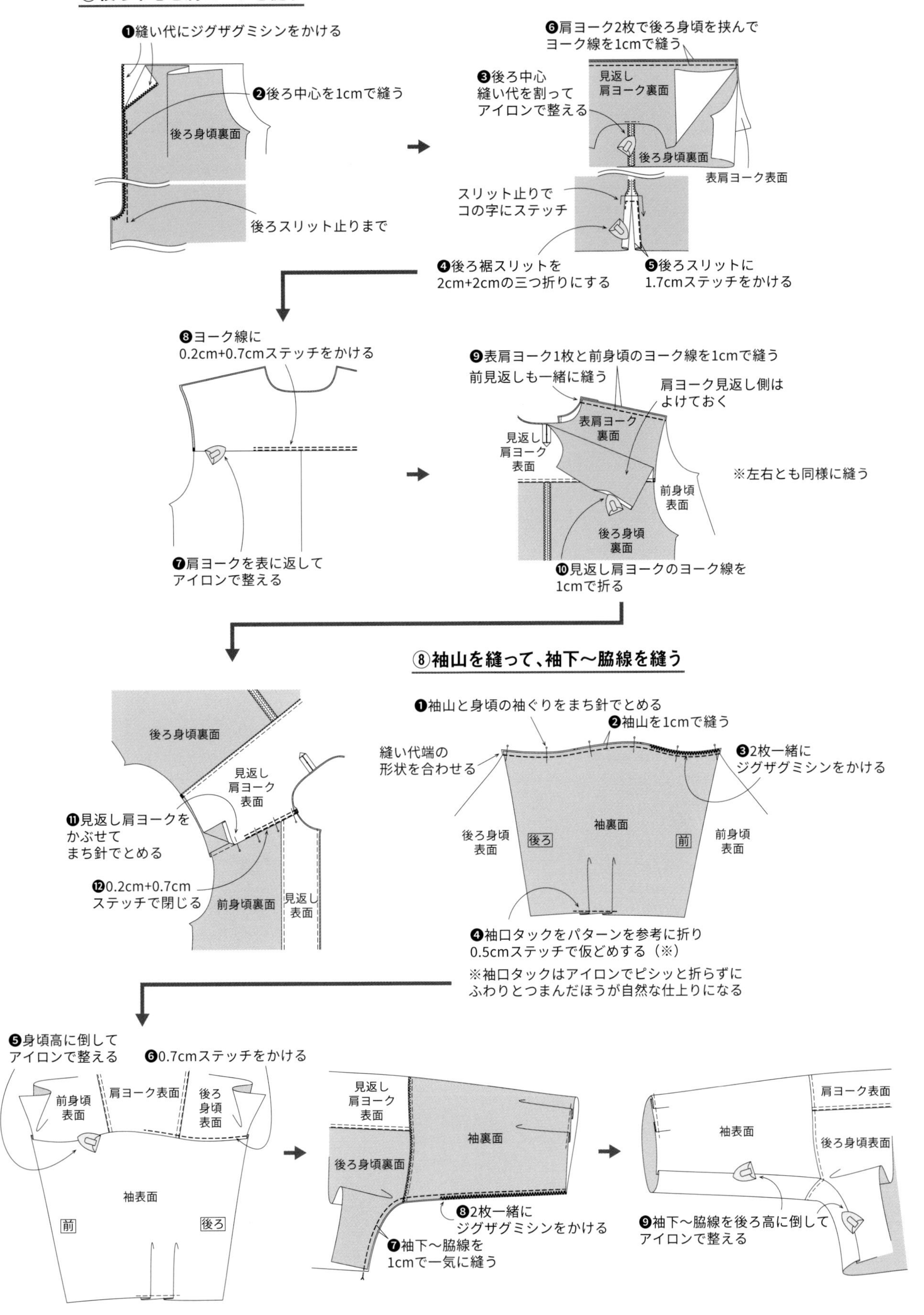
⑦後ろ中心と肩ヨークを縫う
❶縫い代にジグザグミシンをかける
❷後ろ中心を1cmで縫う
後ろ身頃裏面
後ろスリット止りまで
❻肩ヨーク2枚で後ろ身頃を挟んで
ヨーク線を1cmで縫う
❸後ろ中心
縫い代を割って
アイロンで整える
見返し
肩ヨーク裏面
後ろ身頃裏面
表肩ヨーク表面
スリット止りで
コの字にステッチ
❹後ろ裾スリットを
2cm+2cmの三つ折りにする
❺後ろスリットに
1.7cmステッチをかける
❽ヨーク線に
0.2cm+0.7cmステッチをかける
❼肩ヨークを表に返して
アイロンで整える
❾表肩ヨーク1枚と前身頃のヨーク線を1cmで縫う
前見返しも一緒に縫う
肩ヨーク見返し側は
よけておく
表肩ヨーク
裏面
見返し
肩ヨーク
表面
前身頃
表面
後ろ身頃
裏面
※左右とも同様に縫う
❿見返し肩ヨークのヨーク線を
1cmで折る
後ろ身頃裏面
見返し
肩ヨーク
表面
⓫見返し肩ヨークを
かぶせて
まち針でとめる
⓬0.2cm+0.7cm
ステッチで閉じる
前身頃裏面
見返し
表面
⑧袖山を縫って、袖下～脇線を縫う
❶袖山と身頃の袖ぐりをまち針でとめる
❷袖山を1cmで縫う
縫い代端の
形状を合わせる
❸2枚一緒に
ジグザグミシンをかける
袖裏面
後ろ身頃
表面
後ろ
前
前身頃
表面
❹袖口タックをパターンを参考に折り
0.5cmステッチで仮どめする（※）
※袖口タックはアイロンでピシッと折らずに
ふわりとつまんだほうが自然な仕上りになる
❺身頃高に倒して
アイロンで整える
❻0.7cmステッチをかける
前身頃
表面
肩ヨーク表面
後ろ
身頃
表面
袖表面
前
後ろ
見返し
肩ヨーク
表面
袖裏面
後ろ身頃裏面
❽2枚一緒に
ジグザグミシンをかける
❼袖下～脇線を
1cmで一気に縫う
肩ヨーク表面
袖表面
後ろ身頃表面
❾袖下～脇線を後ろ高に倒して
アイロンで整える

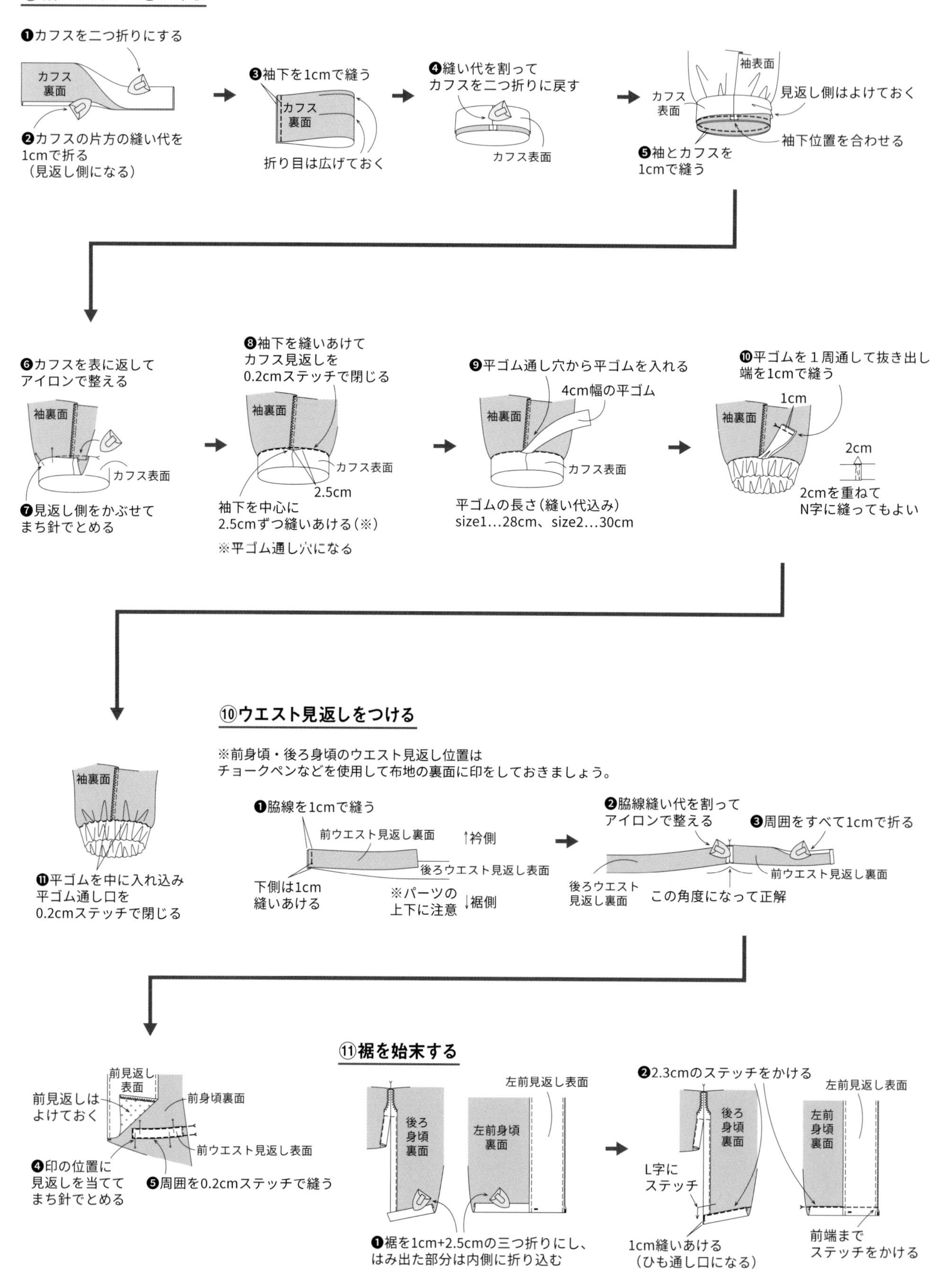
⑨袖口にカフスをつける
❶カフスを二つ折りにする
カフス
裏面
❷カフスの片方の縫い代を
1cmで折る
（見返し側になる）
❸袖下を1cmで縫う
カフス
裏面
折り目は広げておく
❹縫い代を割って
カフスを二つ折りに戻す
カフス表面
袖表面
カフス
表面
見返し側はよけておく
袖下位置を合わせる
❺袖とカフスを
1cmで縫う
❻カフスを表に返して
アイロンで整える
袖裏面
カフス表面
❼見返し側をかぶせて
まち針でとめる
❽袖下を縫いあけて
カフス見返しを
0.2cmステッチで閉じる
袖裏面
カフス表面
2.5cm
袖下を中心に
2.5cmずつ縫いあける（※）
※平ゴム通し穴になる
❾平ゴム通し穴から平ゴムを入れる
4cm幅の平ゴム
袖裏面
カフス表面
平ゴムの長さ（縫い代込み）
size1…28cm、size2…30cm
❿平ゴムを１周通して抜き出し
端を1cmで縫う
1cm
袖裏面
2cm
2cmを重ねて
N字に縫ってもよい
袖裏面
⓫平ゴムを中に入れ込み
平ゴム通し口を
0.2cmステッチで閉じる
⑩ウエスト見返しをつける
※前身頃・後ろ身頃のウエスト見返し位置は
チョークペンなどを使用して布地の裏面に印をしておきましょう。
❶脇線を1cmで縫う
前ウエスト見返し裏面
↑衿側
後ろウエスト見返し表面
下側は1cm
縫いあける
※パーツの
上下に注意
↓裾側
❷脇線縫い代を割って
アイロンで整える
❸周囲をすべて1cmで折る
後ろウエスト
見返し裏面
この角度になって正解
前ウエスト見返し裏面
前見返し
表面
前見返しは
よけておく
前身頃裏面
前ウエスト見返し表面
❹印の位置に
見返しを当てて
まち針でとめる
❺周囲を0.2cmステッチで縫う
⑪裾を始末する
後ろ
身頃
裏面
左前見返し表面
左前身頃
裏面
❶裾を1cm+2.5cmの三つ折りにし、
はみ出た部分は内側に折り込む
❷2.3cmのステッチをかける
後ろ
身頃
裏面
L字に
ステッチ
1cm縫いあける
（ひも通し口になる）
左前見返し表面
左前
身頃
裏面
前端まで
ステッチをかける

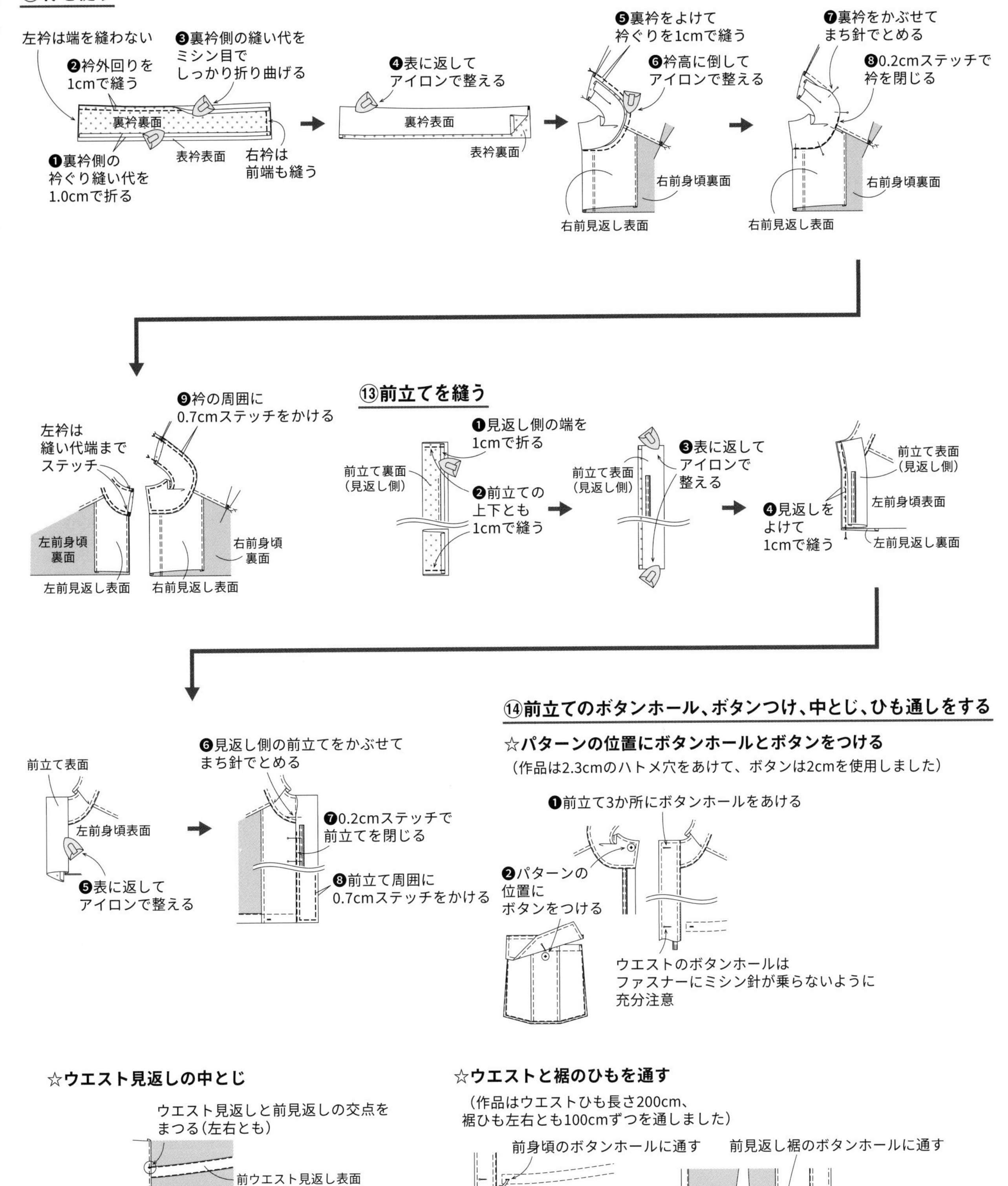

⑫衿を縫う
左衿は端を縫わない
❷衿外回りを
1cmで縫う
❸裏衿側の縫い代を
ミシン目で
しっかり折り曲げる
裏衿裏面
表衿表面
右衿は
前端も縫う
❶裏衿側の
衿ぐり縫い代を
1.0cmで折る
❹表に返して
アイロンで整える
裏衿表面
表衿裏面
❺裏衿をよけて
衿ぐりを1cmで縫う
❻衿高に倒して
アイロンで整える
右前身頃裏面
右前見返し表面
❼裏衿をかぶせて
まち針でとめる
❽0.2cmステッチで
衿を閉じる
右前身頃裏面
右前見返し表面
❾衿の周囲に
0.7cmステッチをかける
左衿は
縫い代端まで
ステッチ
左前身頃
裏面
左前見返し表面
右前身頃
裏面
右前見返し表面
⑬前立てを縫う
❶見返し側の端を
1cmで折る
前立て裏面
（見返し側）
❷前立ての
上下とも
1cmで縫う
前立て表面
（見返し側）
❸表に返して
アイロンで
整える
前立て表面
（見返し側）
左前身頃表面
❹見返しを
よけて
1cmで縫う
左前見返し裏面
前立て表面
左前身頃表面
❺表に返して
アイロンで整える
❻見返し側の前立てをかぶせて
まち針でとめる
❼0.2cmステッチで
前立てを閉じる
❽前立て周囲に
0.7cmステッチをかける
⑭前立てのボタンホール、ボタンつけ、中とじ、ひも通しをする
☆パターンの位置にボタンホールとボタンをつける
（作品は2.3cmのハトメ穴をあけて、ボタンは2cmを使用しました）
❶前立て3か所にボタンホールをあける
❷パターンの
位置に
ボタンをつける
ウエストのボタンホールは
ファスナーにミシン針が乗らないように
充分注意
☆ウエスト見返しの中とじ
ウエスト見返しと前見返しの交点を
まつる（左右とも）
前ウエスト見返し表面
右前見返し表面
前身頃
裏面
☆ウエストと裾のひもを通す
（作品はウエストひも長さ200cm、
裾ひも左右とも100cmずつを通しました）
前身頃のボタンホールに通す
前見返し裾のボタンホールに通す
ウエストも裾も
好みの長さに絞り
片輪結びなどで固定する
後ろ裾端の縫いあけ部分から
ひもを出す
ひもの先端は固く結ぶなどで
ほつれ止めをする

E-1 圧縮ニットのあったかポンチョ photo(p.16) 実物大パターン 1裏

仕上りサイズ size指定はありません

着丈　85cm
裾回り　275cm
ゆき丈　76cm

材料（圧縮ニット）

表地：ニットメルトン
150cm幅　400cm
（品番43878　ソールパーノ）
接着芯（90cm幅）　200cm
伸び止めテープ
（1cm幅ハーフバイアス）　400cm
ボタン（直径2.3cm）　4個
杉綾テープ（1cm幅）　11cm
3.5cm幅グログランテープ（3.5cm幅）
50cm
線コキ（3.5cm幅）　1個
オープンファスナー（50cm）　1本

つくり方順序（p.70〜73参照）

①接着芯と伸び止めテープをはる
（p.26-27-A・B参照）
②ポケットをつくって、前身頃につける
③後ろ中心とヨーク線を縫う
④見返しにライナー用テープをつける
（p.29-E参照）
⑤見返しを縫う
⑥フードを縫う
⑦前端を縫い返す
⑧袖ぐり見返しと裾を始末する
⑨ファスナーをつける
⑩ボタンホールをあけて、
ボタンをつける

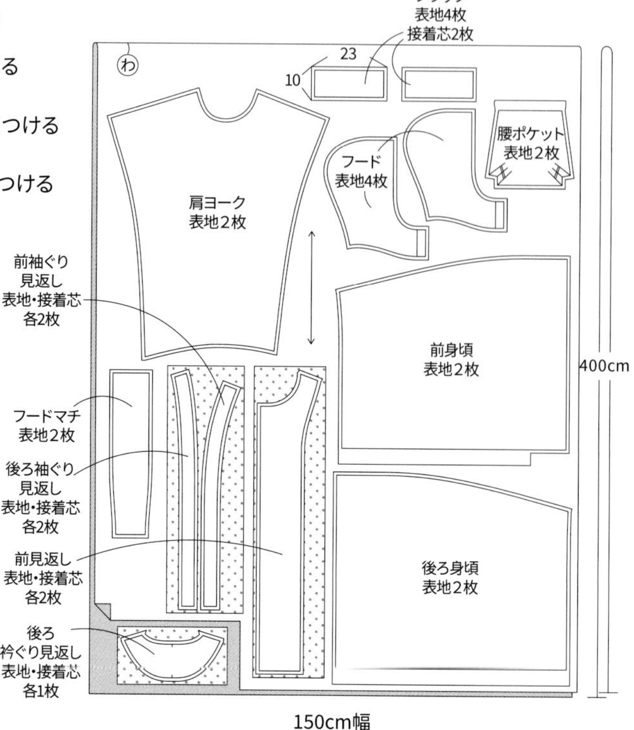

フラップ
表地4枚
接着芯2枚
23
10
わ
肩ヨーク
表地2枚
フード
表地4枚
腰ポケット
表地2枚
前袖ぐり
見返し
表地・接着芯
各2枚
前身頃
表地2枚
400cm
フードマチ
表地2枚
後ろ袖ぐり
見返し
表地・接着芯
各2枚
前見返し
表地・接着芯
各2枚
後ろ身頃
表地2枚
後ろ
衿ぐり見返し
表地・接着芯
各1枚
150cm幅

※フラップはパターンがありません。
指定の寸法で裁断してください。

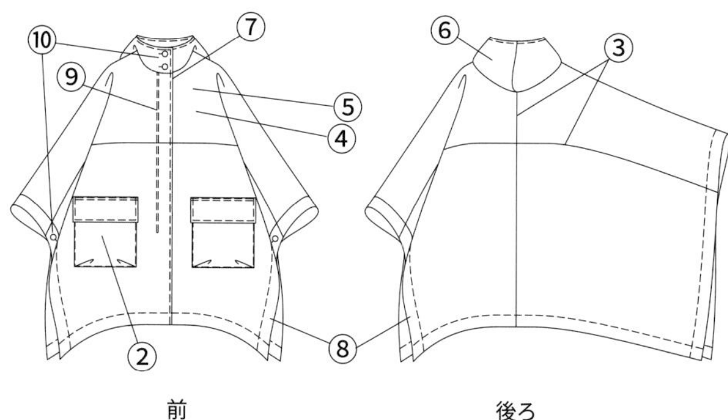

⑩
⑨
⑦
⑤
④
②
⑧
⑥
③
前
後ろ

接着芯、伸び止めテープをはる位置

◎接着芯をはる位置

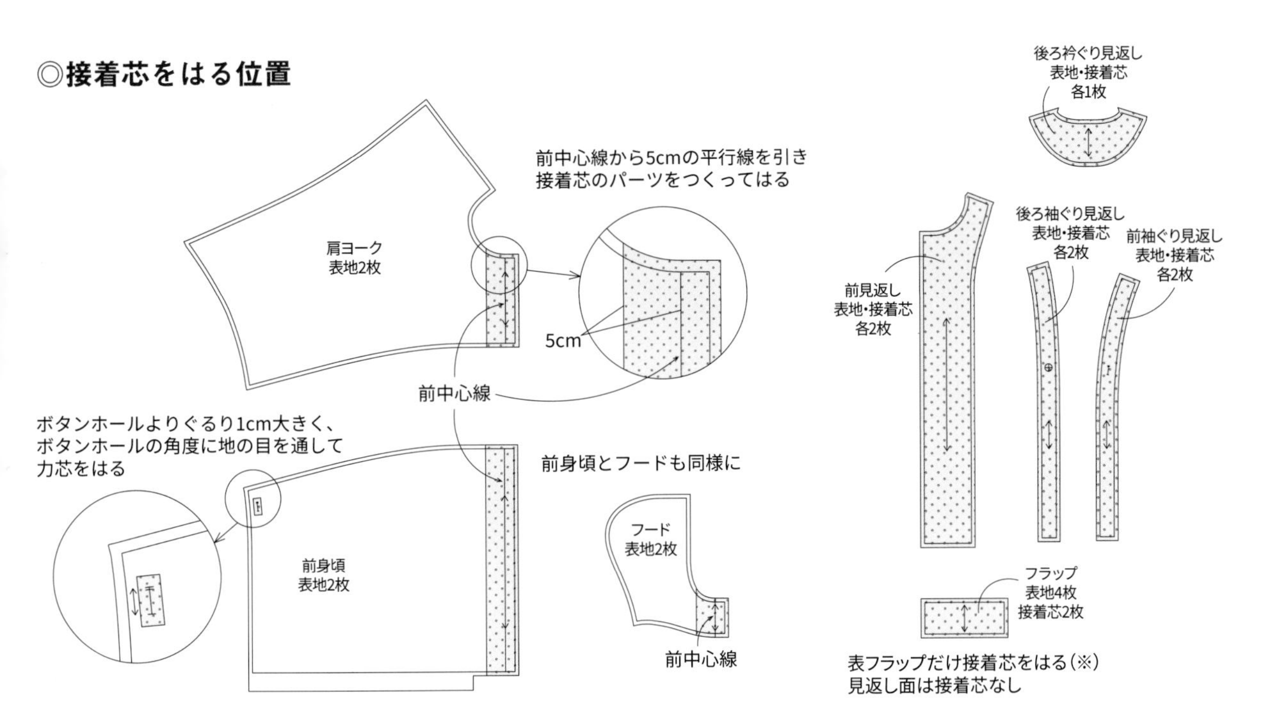

後ろ衿ぐり見返し
表地・接着芯
各1枚
前中心線から5cmの平行線を引き
接着芯のパーツをつくってはる
肩ヨーク
表地2枚
5cm
前中心線
後ろ袖ぐり見返し
表地・接着芯
各2枚
前袖ぐり見返し
表地・接着芯
各2枚
前見返し
表地・接着芯
各2枚
ボタンホールよりぐるり1cm大きく、
ボタンホールの角度に地の目を通して
力芯をはる
前身頃とフードも同様に
前身頃
表地2枚
フード
表地2枚
前中心線
フラップ
表地4枚
接着芯2枚
表フラップだけ接着芯をはる(※)
見返し面は接着芯なし

※厚手の布地の場合、見返し面の接着芯を抜くことで
厚みと硬さを軽減しつつ、しっかりしたフラップに
仕上げることができる
薄手の布地の場合は、両パーツとも接着芯をはる

◎伸び止めテープをはる位置

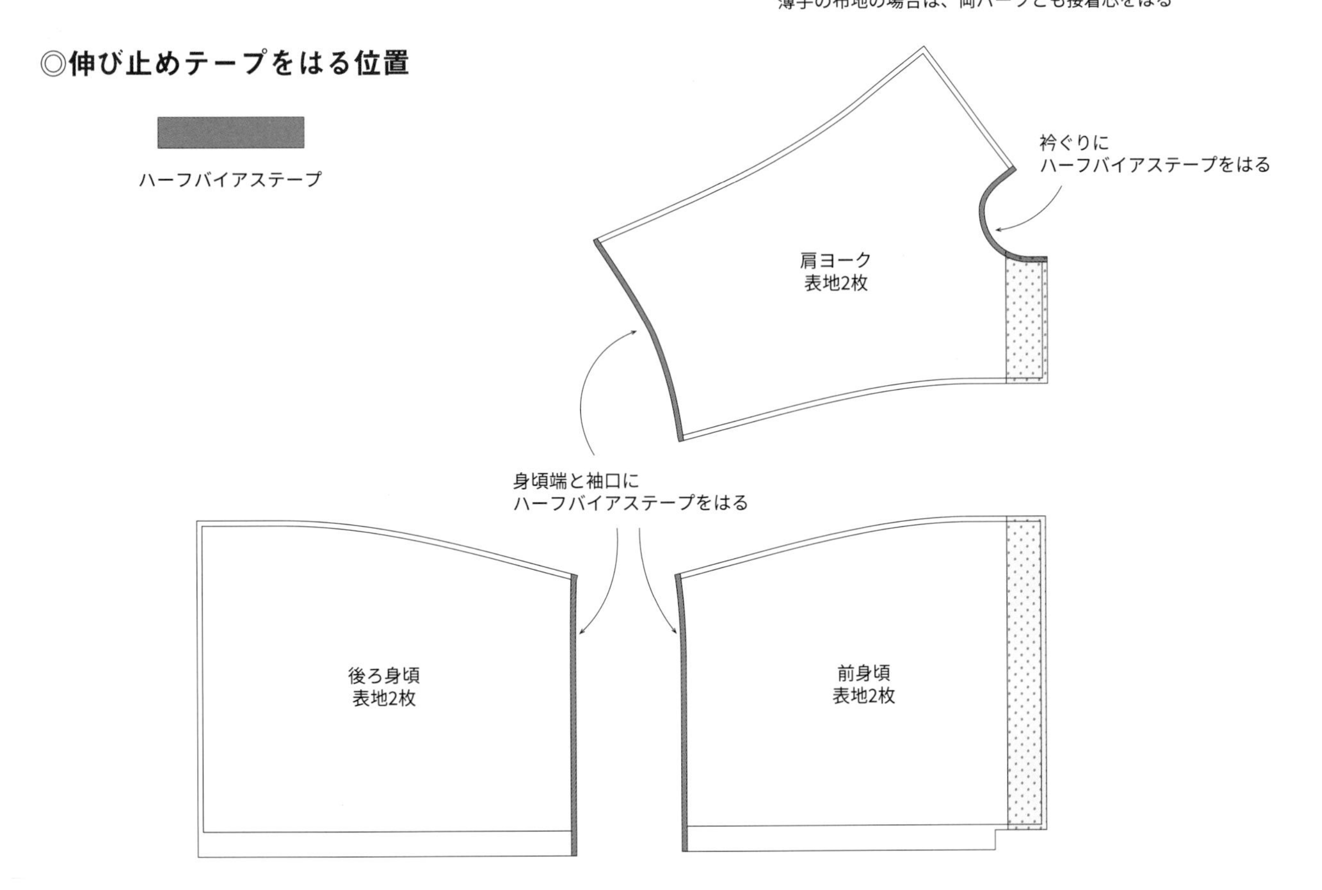

ハーフバイアステープ
衿ぐりに
ハーフバイアステープをはる
肩ヨーク
表地2枚
身頃端と袖口に
ハーフバイアステープをはる
後ろ身頃
表地2枚
前身頃
表地2枚

つくり方

②ポケットをつくって、前身頃につける

フラップのパターンは裁合せ図を参照

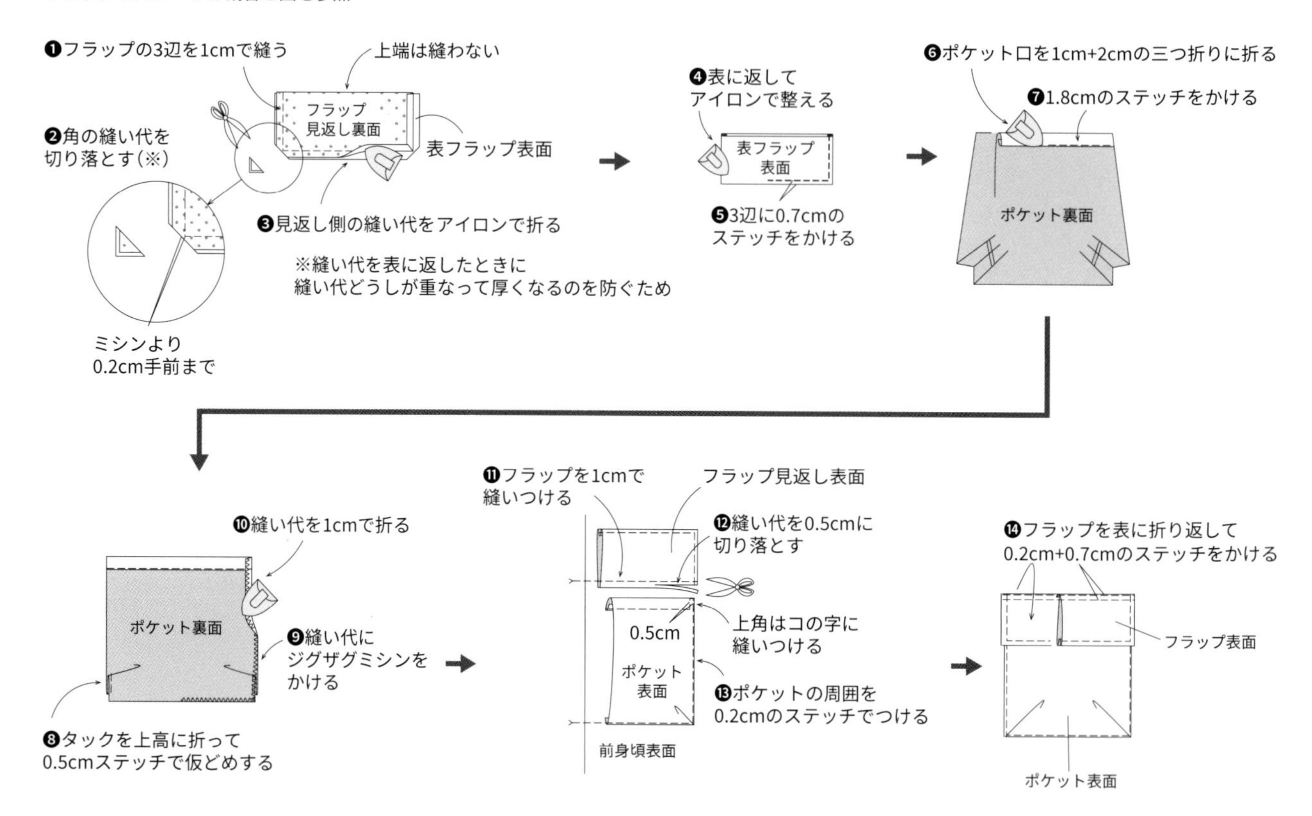

❶フラップの3辺を1cmで縫う
上端は縫わない
フラップ
見返し裏面
表フラップ表面
❷角の縫い代を
切り落とす(※)
❸見返し側の縫い代をアイロンで折る
※縫い代を表に返したときに
縫い代どうしが重なって厚くなるのを防ぐため
ミシンより
0.2cm手前まで
❹表に返して
アイロンで整える
表フラップ
表面
❺3辺に0.7cmの
ステッチをかける
❻ポケット口を1cm+2cmの三つ折りに折る
❼1.8cmのステッチをかける
ポケット裏面
❿縫い代を1cmで折る
ポケット裏面
❾縫い代に
ジグザグミシンを
かける
❽タックを上高に折って
0.5cmステッチで仮どめする
⓫フラップを1cmで
縫いつける
フラップ見返し表面
⓬縫い代を0.5cmに
切り落とす
0.5cm
上角はコの字に
縫いつける
ポケット
表面
⓭ポケットの周囲を
0.2cmのステッチでつける
前身頃表面
⓮フラップを表に折り返して
0.2cm+0.7cmのステッチをかける
フラップ表面
ポケット表面

③後ろ中心とヨーク線を縫う

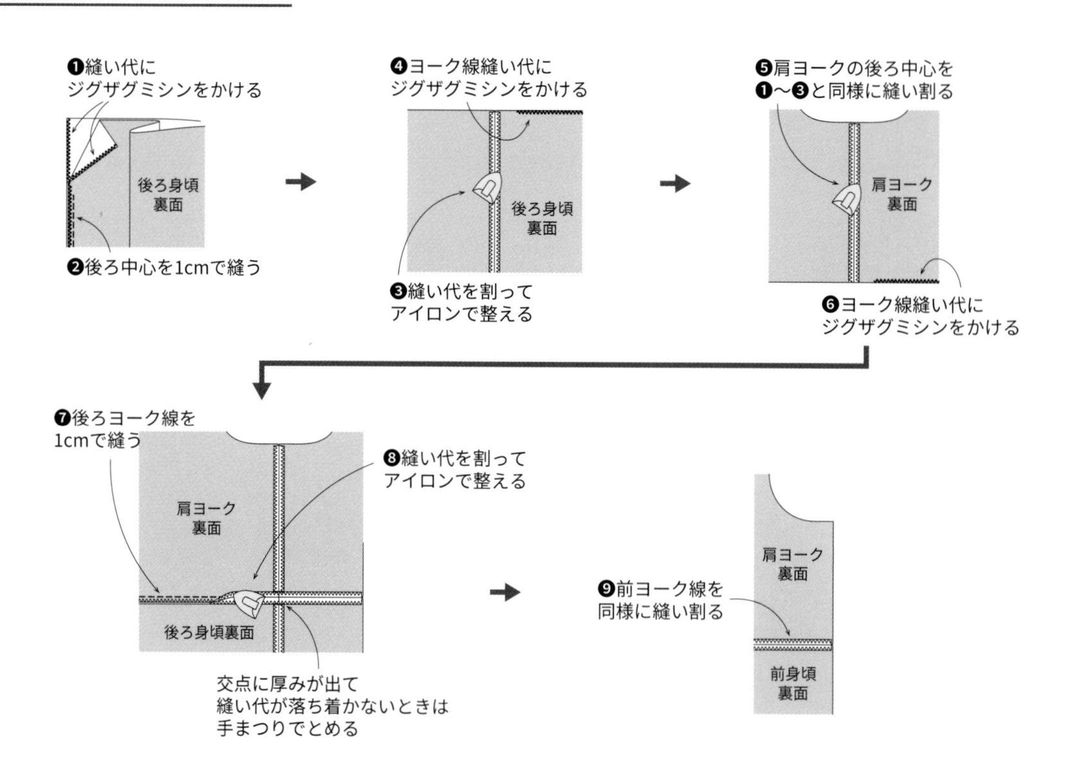

❶縫い代に
ジグザグミシンをかける
後ろ身頃
裏面
❷後ろ中心を1cmで縫う
❹ヨーク線縫い代に
ジグザグミシンをかける
後ろ身頃
裏面
❸縫い代を割って
アイロンで整える
❺肩ヨークの後ろ中心を
❶〜❸と同様に縫い割る
肩ヨーク
裏面
❻ヨーク線縫い代に
ジグザグミシンをかける
❼後ろヨーク線を
1cmで縫う
肩ヨーク
裏面
❽縫い代を割って
アイロンで整える
後ろ身頃裏面
交点に厚みが出て
縫い代が落ち着かないときは
手まつりでとめる
❾前ヨーク線を
同様に縫い割る
肩ヨーク
裏面
前身頃
裏面

⑤見返しを縫う

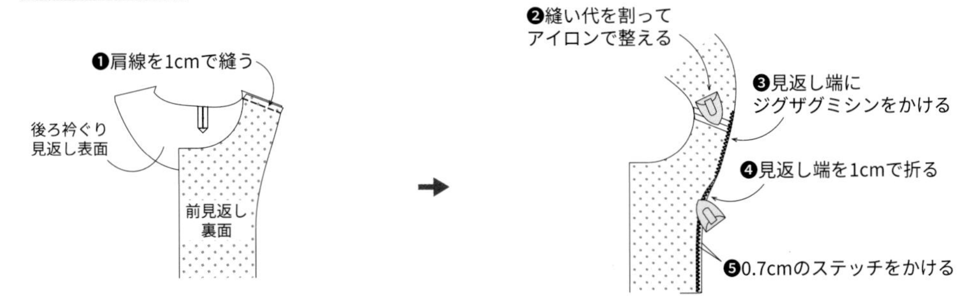

❶肩線を1cmで縫う
後ろ衿ぐり
見返し表面
前見返し
裏面
❷縫い代を割って
アイロンで整える
❸見返し端に
ジグザグミシンをかける
❹見返し端を1cmで折る
❺0.7cmのステッチをかける

⑥フードを縫う

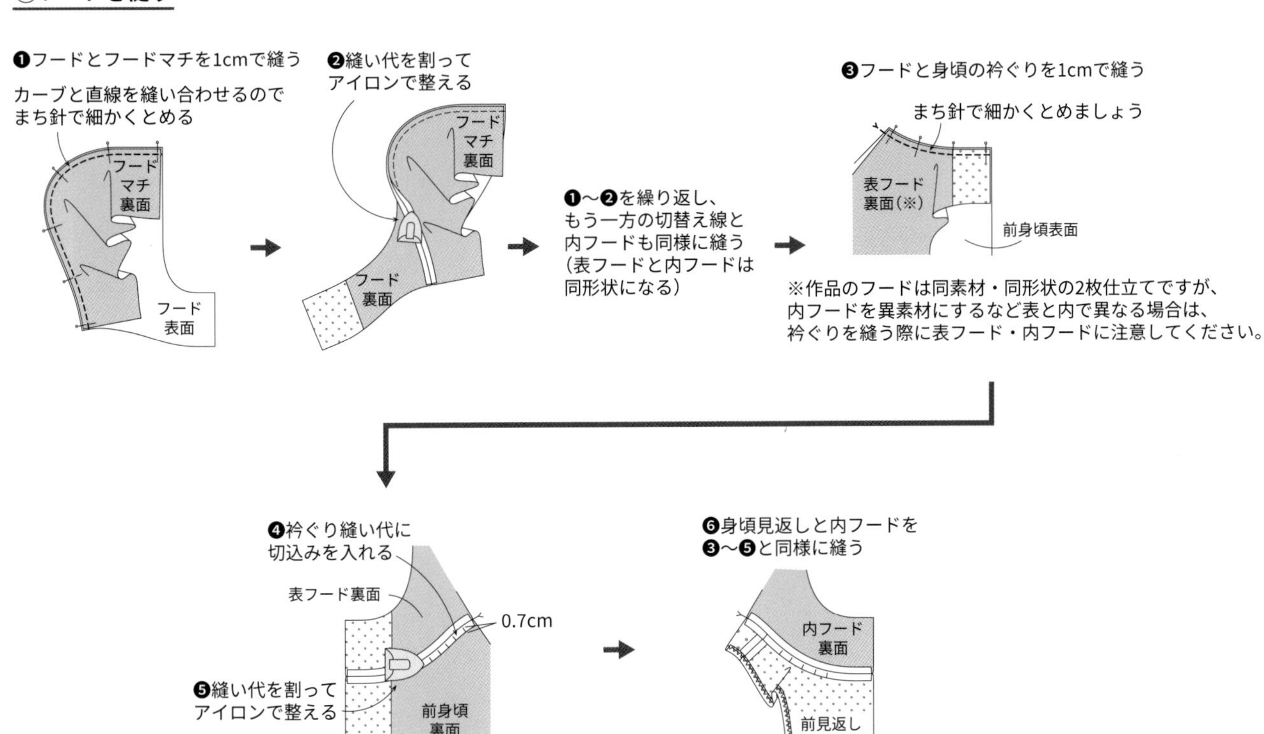

❶フードとフードマチを1cmで縫う
カーブと直線を縫い合わせるので
まち針で細かくとめる
フード
マチ
裏面
フード
表面
❷縫い代を割って
アイロンで整える
フード
マチ
裏面
フード
裏面
❶〜❷を繰り返し、
もう一方の切替え線と
内フードも同様に縫う
(表フードと内フードは
同形状になる)
❸フードと身頃の衿ぐりを1cmで縫う
まち針で細かくとめましょう
表フード
裏面(※)
前身頃表面
※作品のフードは同素材・同形状の2枚仕立てですが、
内フードを異素材にするなど表と内で異なる場合は、
衿ぐりを縫う際に表フード・内フードに注意してください。
❹衿ぐり縫い代に
切込みを入れる
表フード裏面
0.7cm
❺縫い代を割って
アイロンで整える
前身頃
裏面
❻身頃見返しと内フードを
❸〜❺と同様に縫う
内フード
裏面
前見返し
裏面

⑦前端を縫い返す

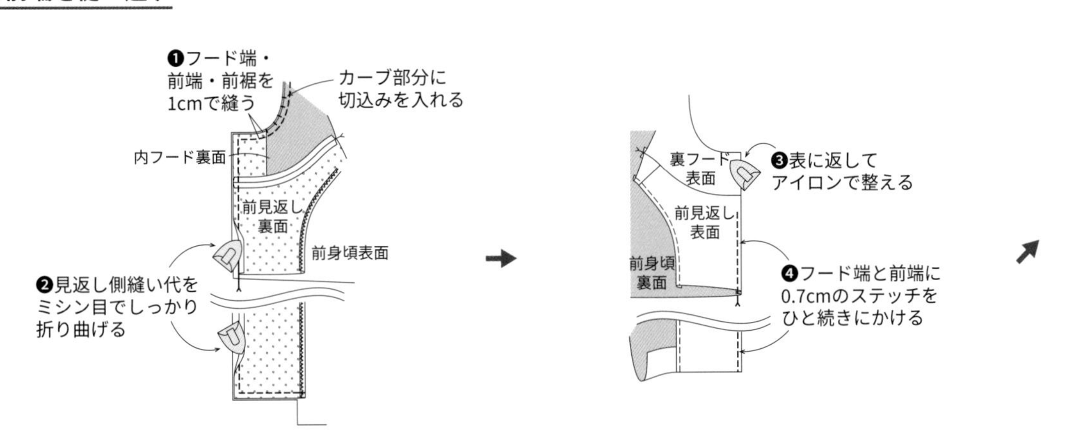

❶フード端・
前端・前裾を
1cmで縫う
カーブ部分に
切込みを入れる
内フード裏面
前見返し
裏面
前身頃表面
❷見返し側縫い代を
ミシン目でしっかり
折り曲げる
裏フード
表面
前見返し
表面
前身頃
裏面
❸表に返して
アイロンで整える
❹フード端と前端に
0.7cmのステッチを
ひと続きにかける

☆衿ぐりの中とじ

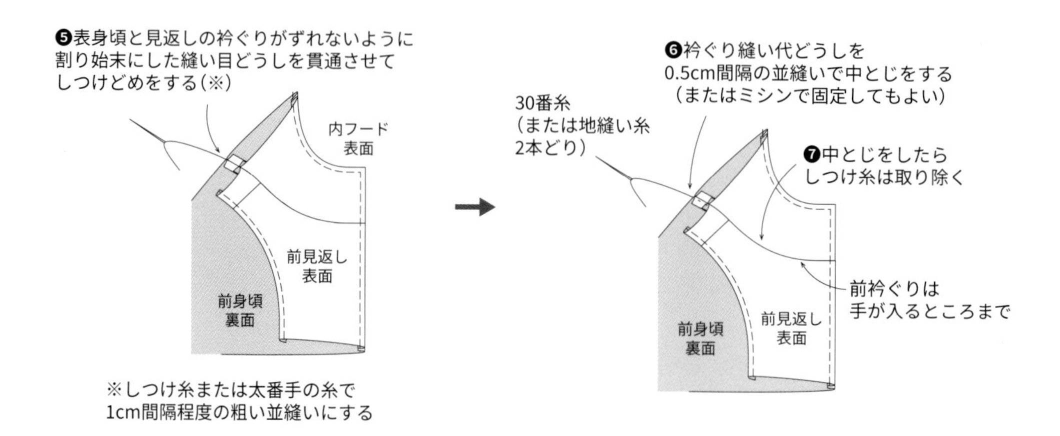

❺表身頃と見返しの衿ぐりがずれないように
割り始末にした縫い目どうしを貫通させて
しつけどめをする(※)
内フード
表面
前見返し
表面
前身頃
裏面
※しつけ糸または太番手の糸で
1cm間隔程度の粗い並縫いにする
30番糸
(または地縫い糸
2本どり)
❻衿ぐり縫い代どうしを
0.5cm間隔の並縫いで中とじをする
(またはミシンで固定してもよい)
❼中とじをしたら
しつけ糸は取り除く
前衿ぐりは
手が入るところまで
前身頃
裏面
前見返し
表面

⑧袖ぐり見返しと裾を始末する

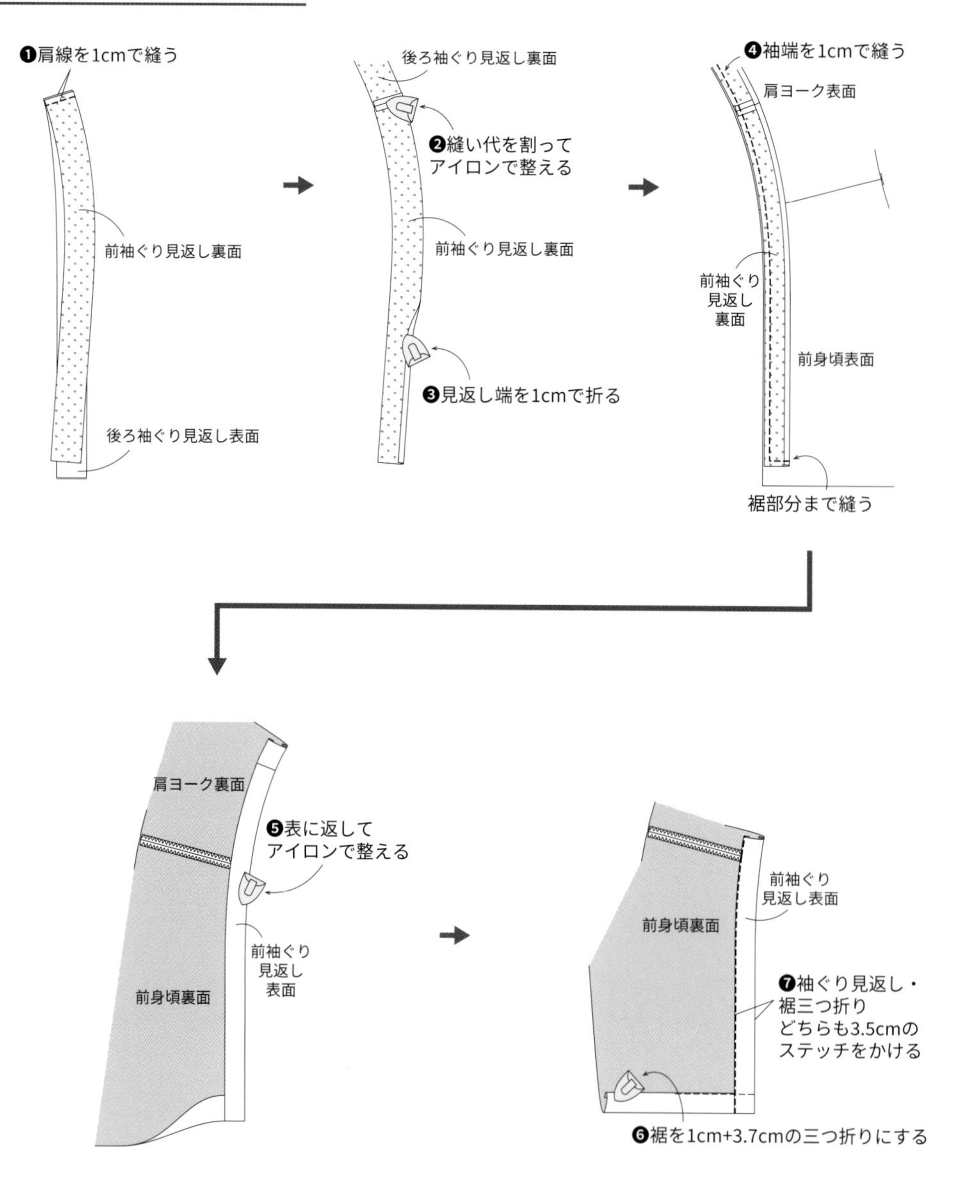

❶肩線を1cmで縫う
前袖ぐり見返し裏面
後ろ袖ぐり見返し表面
後ろ袖ぐり見返し裏面
❷縫い代を割って
アイロンで整える
前袖ぐり見返し裏面
❸見返し端を1cmで折る
❹袖端を1cmで縫う
肩ヨーク表面
前袖ぐり
見返し
裏面
前身頃表面
裾部分まで縫う
肩ヨーク裏面
❺表に返して
アイロンで整える
前袖ぐり
見返し
表面
前身頃裏面
前袖ぐり
見返し表面
前身頃裏面
❼袖ぐり見返し・
裾三つ折り
どちらも3.5cmの
ステッチをかける
❻裾を1cm+3.7cmの三つ折りにする

⑨ファスナーをつける

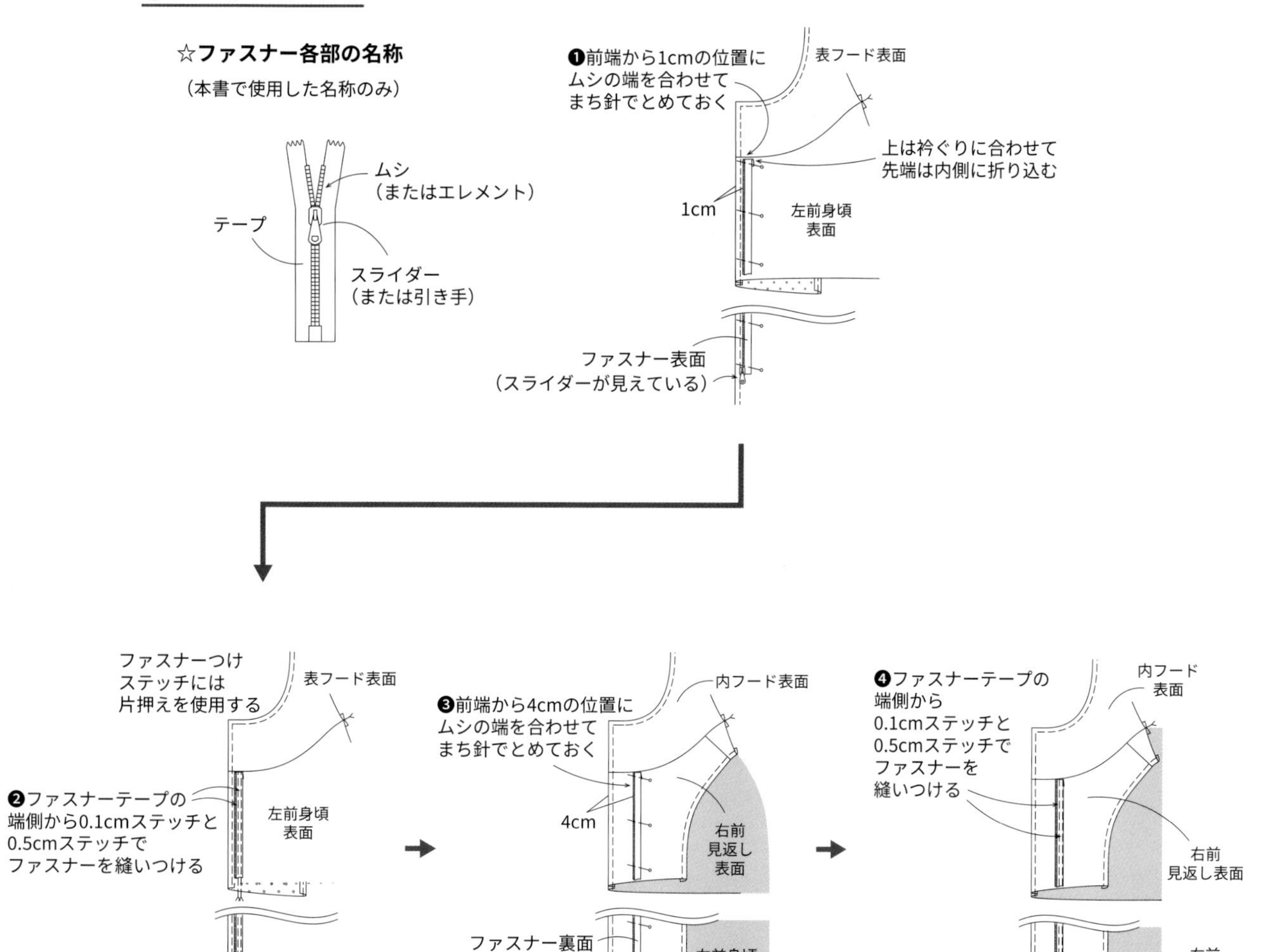
☆ファスナー各部の名称
（本書で使用した名称のみ）
ムシ
（またはエレメント）
テープ
スライダー
（または引き手）
❶前端から1cmの位置に
ムシの端を合わせて
まち針でとめておく
表フード表面
上は衿ぐりに合わせて
先端は内側に折り込む
1cm
左前身頃
表面
ファスナー表面
（スライダーが見えている）
ファスナーつけ
ステッチには
片押えを使用する
表フード表面
❷ファスナーテープの
端側から0.1cmステッチと
0.5cmステッチで
ファスナーを縫いつける
左前身頃
表面
❸前端から4cmの位置に
ムシの端を合わせて
まち針でとめておく
内フード表面
4cm
右前
見返し
表面
ファスナー裏面
（表裏に注意）
右前身頃
裏面
❹ファスナーテープの
端側から
0.1cmステッチと
0.5cmステッチで
ファスナーを
縫いつける
内フード
表面
右前
見返し表面
右前
身頃裏面

⑩ボタンホールをあけて、ボタンをつける

☆パターンの位置にボタンホールをあけて、ボタンをつける

（作品は2.5cmのハトメ穴をあけて、ボタンは2.3cmを使用しました）

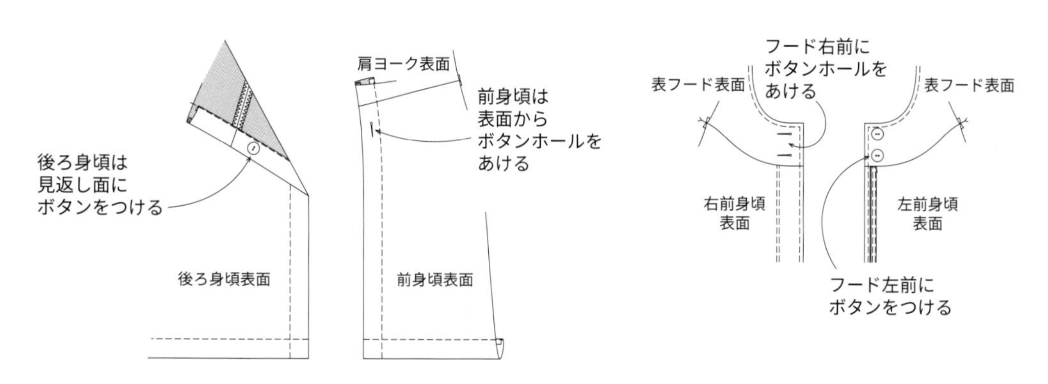
後ろ身頃は
見返し面に
ボタンをつける
後ろ身頃表面
肩ヨーク表面
前身頃は
表面から
ボタンホールを
あける
前身頃表面
フード右前に
ボタンホールを
あける
表フード表面
表フード表面
右前身頃
表面
左前身頃
表面
フード左前に
ボタンをつける

E-2 撥水ナイロンのレインポンチョ(ポケッタブル) photo(p.18)

実物大パターン 1裏

仕上りサイズ size指定はありません

着丈　85cm
裾回り　275cm
ゆき丈　76cm

材料(ナイロン系撥水素材)

表地:ナイロンタフタ(撥水加工)
146cm幅　430cm
(品番41033　ソールパーノ)
接着芯(90cm幅)　20cm
伸び止めテープ(1cm幅ハーフバイアス)
200cm
※接着芯と伸び止めテープは、
　接着できるか確認してから用意する
ボタン(直径2.3cm)　4個
オープンファスナー(50cm)　1本

つくり方順序(p.76〜77参照)

①接着芯と伸び止めテープをはる
(p.26-27-A・B参照)
②ポケットをつくって、前身頃につける
(p.70-②参照)
③内ポケットをつくる
④後ろ中心とヨーク線を縫う
⑤見返しを縫う(p.71-⑤参照)
⑥フードを縫う
⑦前端を縫い返して、
衿ぐりを縫う
⑧袖ぐり見返しと裾を始末する
⑨ファスナーをつける
⑩ボタンホールをあけて、
ボタンをつける
※⑧〜⑩はp.72-73-⑧〜⑩参照

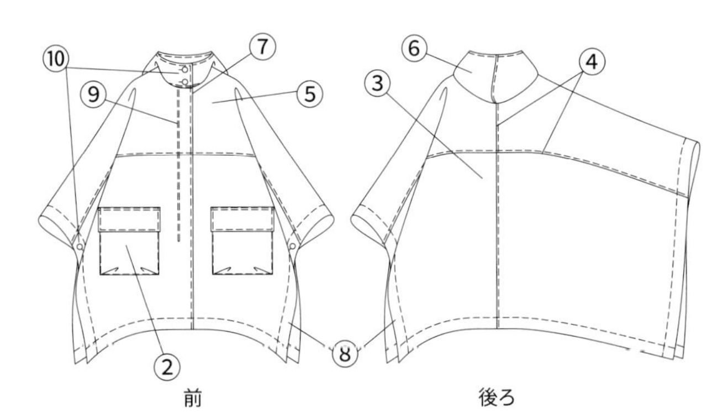
⑩
⑦
⑨
⑤
②
前
⑥
③
④
⑧
後ろ

裁合せ図

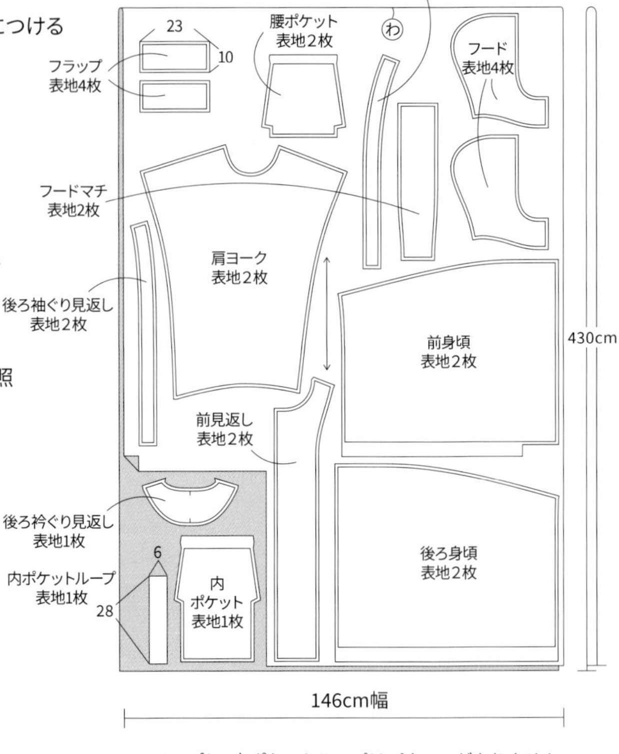
前袖ぐり見返し
表地2枚
23
10
フラップ
表地4枚
腰ポケット
表地2枚
わ
フード
表地4枚
フードマチ
表地2枚
肩ヨーク
表地2枚
後ろ袖ぐり見返し
表地2枚
前身頃
表地2枚
430cm
前見返し
表地2枚
後ろ衿ぐり見返し
表地1枚
6
内ポケットループ
表地1枚
28
内
ポケット
表地1枚
後ろ身頃
表地2枚
146cm幅

※フラップと、内ポケットループはパターンがありません
指定の寸法で裁断してください。

接着芯、伸び止めテープをはる位置

◎接着芯をはる位置

※ナイロン系の布地は高温に弱いため接着芯が接着できないことがあります。
必ず端切れで試しばりをして、接着された上で布地がアイロンで縮まないかを確認して、
縮むようなら接着芯はなしで進行しましょう。

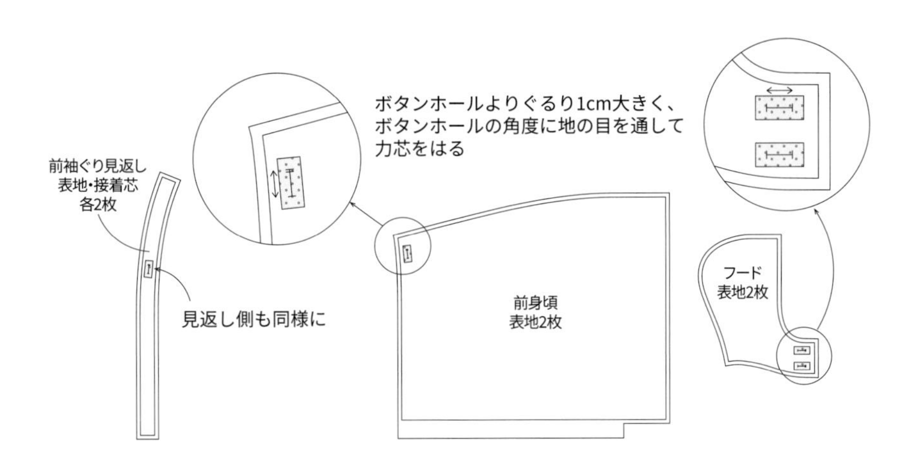

ボタンホールよりぐるり1cm大きく、
ボタンホールの角度に地の目を通して
力芯をはる
前袖ぐり見返し
表地・接着芯
各2枚
見返し側も同様に
前身頃
表地2枚
フード
表地2枚

◎伸び止めテープをはる位置

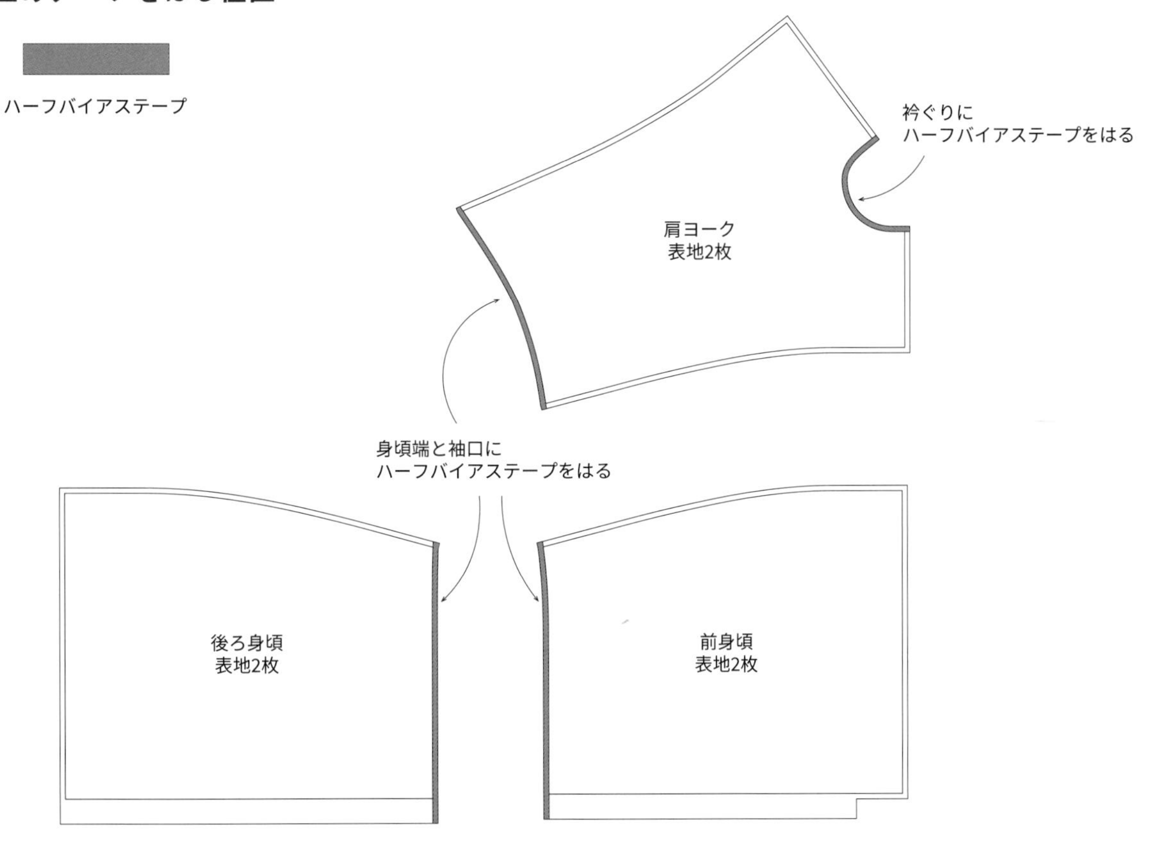

ハーフバイアステープ
衿ぐりに
ハーフバイアステープをはる
肩ヨーク
表地2枚
身頃端と袖口に
ハーフバイアステープをはる
後ろ身頃
表地2枚
前身頃
表地2枚

つくり方

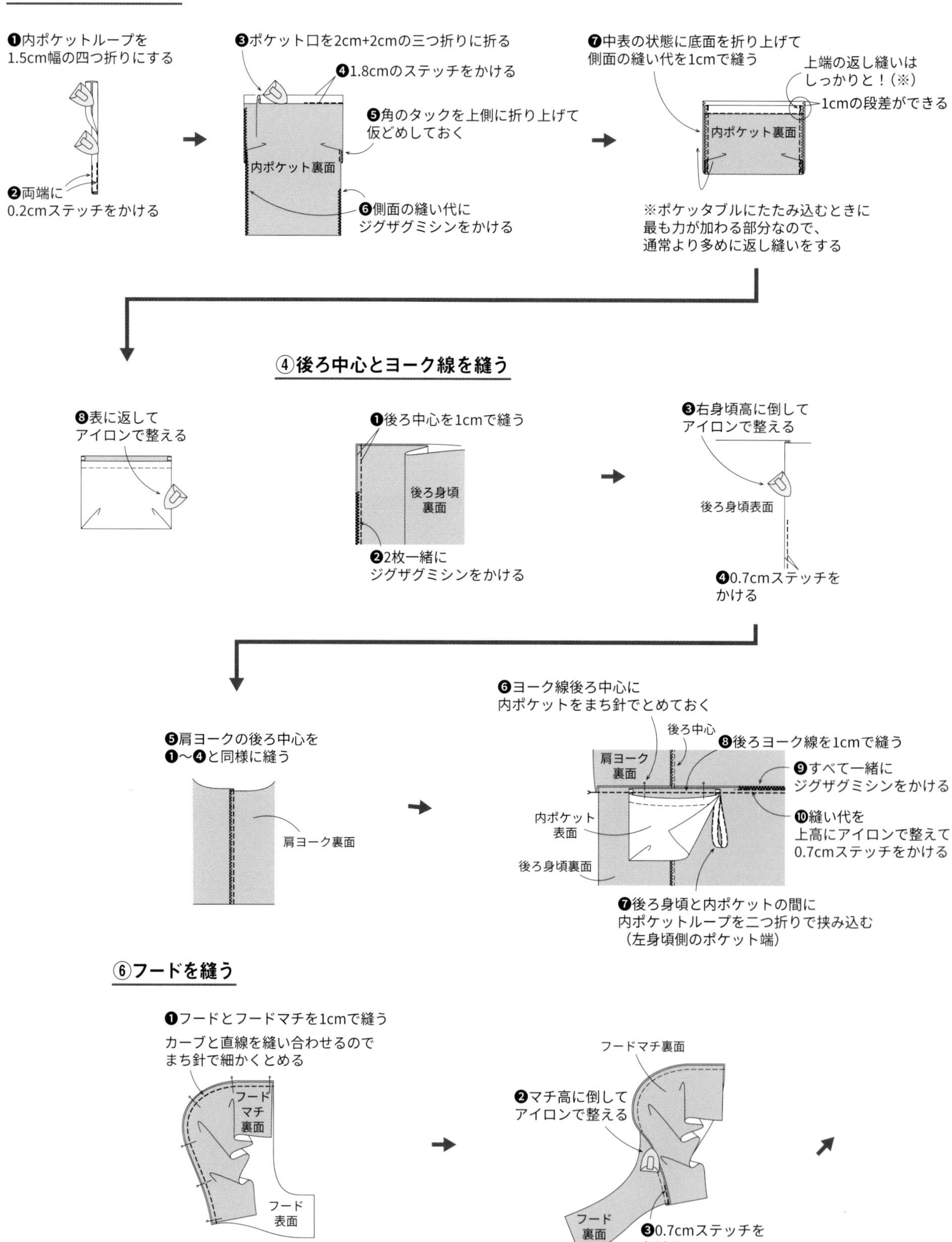

③内ポケットをつくる
❶内ポケットループを
1.5cm幅の四つ折りにする
❷両端に
0.2cmステッチをかける
❸ポケット口を2cm+2cmの三つ折りに折る
❹1.8cmのステッチをかける
❺角のタックを上側に折り上げて
仮どめしておく
内ポケット裏面
❻側面の縫い代に
ジグザグミシンをかける
❼中表の状態に底面を折り上げて
側面の縫い代を1cmで縫う
上端の返し縫いは
しっかりと！（※）
1cmの段差ができる
内ポケット裏面
※ポケッタブルにたたみ込むときに
最も力が加わる部分なので、
通常より多めに返し縫いをする
❽表に返して
アイロンで整える
④後ろ中心とヨーク線を縫う
❶後ろ中心を1cmで縫う
後ろ身頃
裏面
❷2枚一緒に
ジグザグミシンをかける
❸右身頃高に倒して
アイロンで整える
後ろ身頃表面
❹0.7cmステッチを
かける
❺肩ヨークの後ろ中心を
❶～❹と同様に縫う
肩ヨーク裏面
❻ヨーク線後ろ中心に
内ポケットをまち針でとめておく
後ろ中心
❽後ろヨーク線を1cmで縫う
肩ヨーク
裏面
❾すべて一緒に
ジグザグミシンをかける
内ポケット
表面
❿縫い代を
上高にアイロンで整えて
0.7cmステッチをかける
後ろ身頃裏面
❼後ろ身頃と内ポケットの間に
内ポケットループを二つ折りで挟み込む
（左身頃側のポケット端）
⑥フードを縫う
❶フードとフードマチを1cmで縫う
カーブと直線を縫い合わせるので
まち針で細かくとめる
フード
マチ
裏面
フード
表面
フードマチ裏面
❷マチ高に倒して
アイロンで整える
フード
裏面
❸0.7cmステッチを
かける

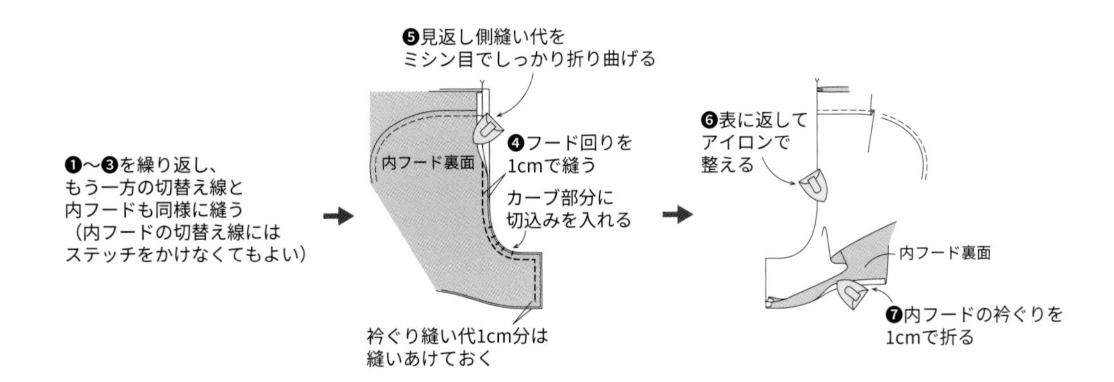
❶〜❸を繰り返し、
もう一方の切替え線と
内フードも同様に縫う
（内フードの切替え線には
ステッチをかけなくてもよい）
❺見返し側縫い代を
ミシン目でしっかり折り曲げる
内フード裏面
❹フード回りを
1cmで縫う
カーブ部分に
切込みを入れる
衿ぐり縫い代1cm分は
縫いあけておく
❻表に返して
アイロンで
整える
内フード裏面
❼内フードの衿ぐりを
1cmで折る

⑦前端を縫い返して、衿ぐりを縫う

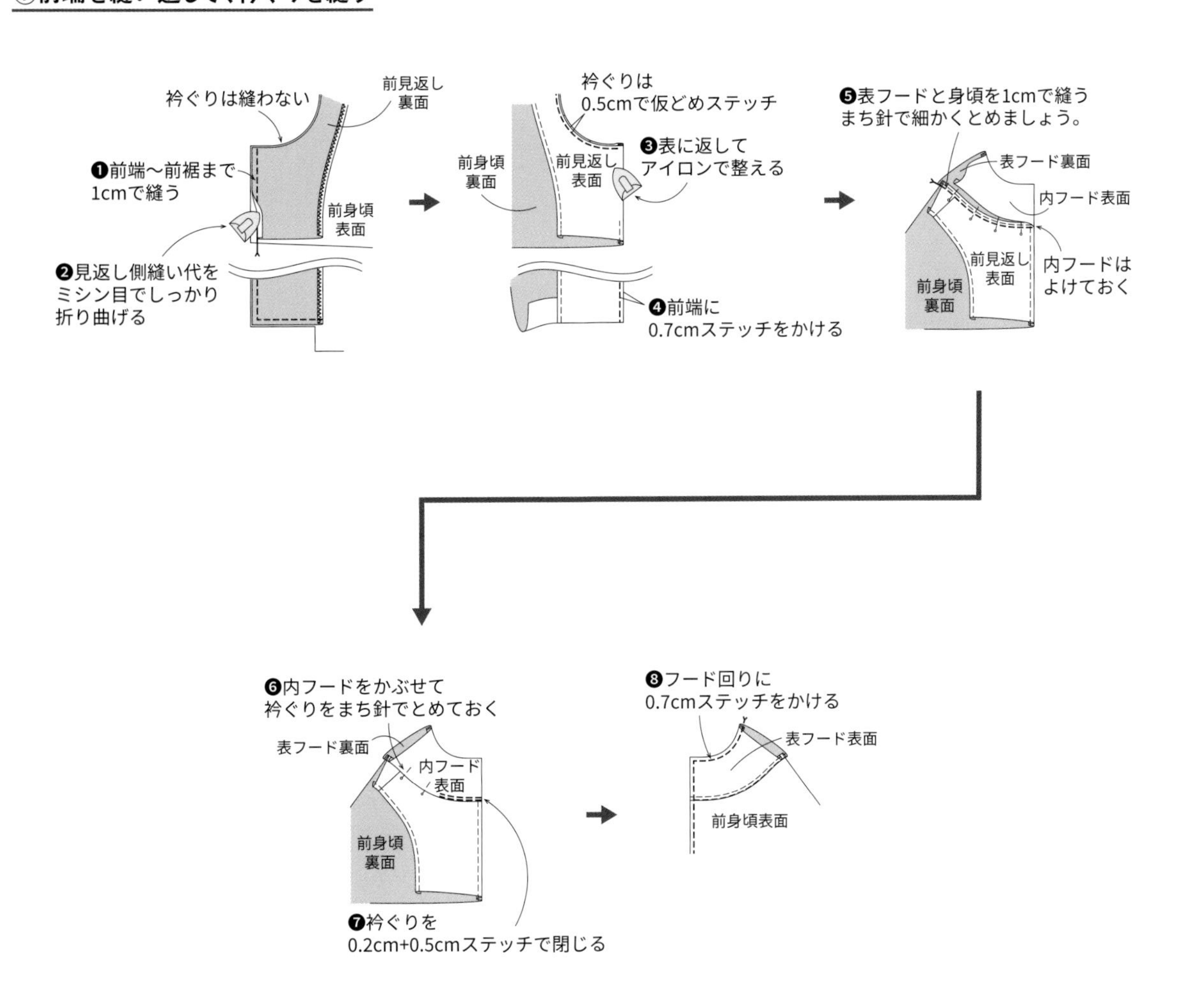
衿ぐりは縫わない
前見返し
裏面
❶前端〜前裾まで
1cmで縫う
前身頃
表面
❷見返し側縫い代を
ミシン目でしっかり
折り曲げる
衿ぐりは
0.5cmで仮どめステッチ
前身頃
裏面
前見返し
表面
❸表に返して
アイロンで整える
❹前端に
0.7cmステッチをかける
❺表フードと身頃を1cmで縫う
まち針で細かくとめましょう。
表フード裏面
内フード表面
前見返し
表面
前身頃
裏面
内フードは
よけておく
❻内フードをかぶせて
衿ぐりをまち針でとめておく
表フード裏面
内フード
表面
前身頃
裏面
❼衿ぐりを
0.2cm+0.5cmステッチで閉じる
❽フード回りに
0.7cmステッチをかける
表フード表面
前身頃表面

F キルティングライナーベスト photo(p.20)

実物大パターン 2表

仕上りサイズ 左から size1 / size2

着丈 64 / 67cm
バスト 104.5 / 110.5cm
肩幅 36 / 38cm
※バストはパターンの設定寸法です。

材料① (キルティングを自作する場合)

表地:写真a 先染16s綿 /
麻マドラスチェック 112cm幅
320cm(size1) 330cm(size2)
(品番35421 ソールパーノ)
中わたキルト芯(125cm幅) 表地要尺の半分
ストレッチバインダー(1.2×1.2cm) 400cm
ボタン(1.5cm) 1個
グログランテープ(3.5cm幅) 50cm
線コキ(3.5cm幅) 1個
※作品は裏地も同生地を使用しました。
裏地を別布にする場合は布地の要尺は
半分になります。

写真cの布地＝40sブロード / マスタードイエロー
(品番19300 ソールパーノ)
写真dの布地＝40sブロード / エメラルドグリーン
(品番19300 ソールパーノ)

裁合せ図(材料①)

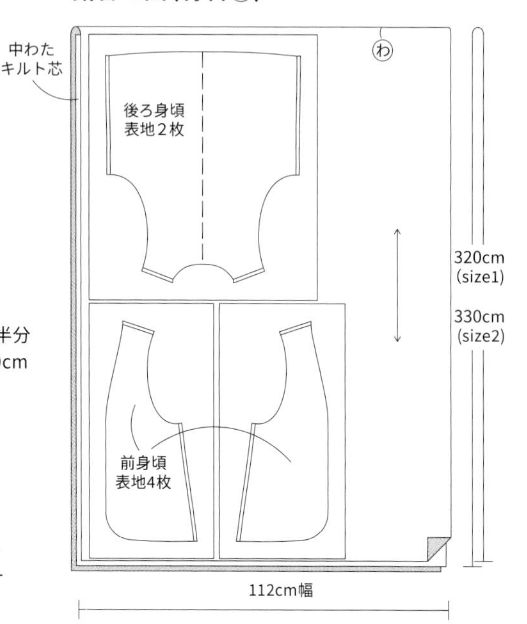
中わた
キルト芯
わ
後ろ身頃
表地2枚
320cm
(size1)
330cm
(size2)
前身頃
表地4枚
112cm幅

材料② (既製のキルティング生地を使用する場合)

表地:写真b 撥水オックスウレタンキルト
110cm幅 120cm(size1) 130cm(size2)
(参考商品 新宿オカダヤ)
ストレッチバインダー(1.2×1.2cm) 400cm
ボタン(1.5cm) 1個
グログランテープ(3.5cm幅) 50cm
線コキ(3.5cm幅) 1個

裁合せ図(材料②)

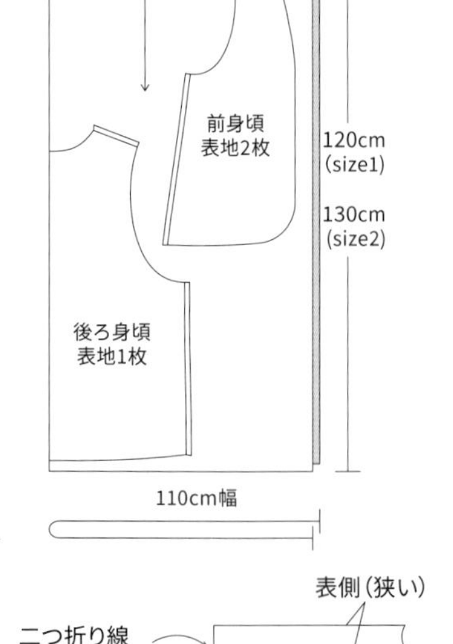
わ
前身頃
表地2枚
120cm
(size1)
130cm
(size2)
後ろ身頃
表地1枚
110cm幅

つくり方順序

①肩線と脇線を縫う(後ろ高に片倒しにする)※
②衿ぐり、袖ぐりを始末する
③身頃にライナー用テープとボタンをつける

※肩線と脇線は、本書の各コートの図解を
参考に片倒し始末にしてください。

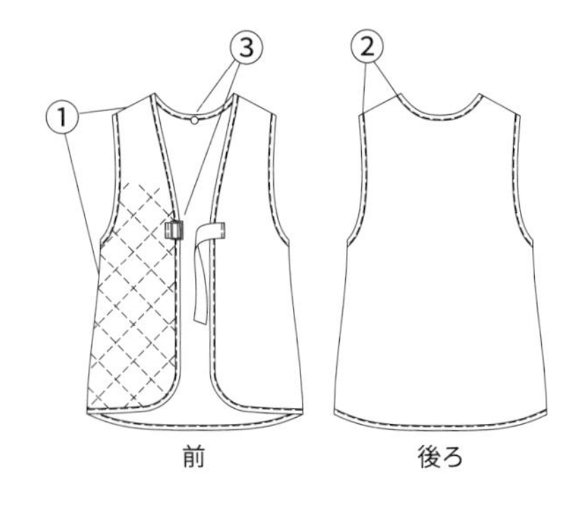
③
②
①
前
後ろ

つくり方

②袖ぐり、衿ぐり〜裾を始末する

ストレッチバインダーテープを使用することでカーブへのなじみもよく1回のステッチで始末が可能なので、パイピングより始末が簡単です。

ストレッチバインダーテープは二つ折り線がどちらかにかたよっているので幅の狭いほうを表側、広いほうを見返し側に使用してください。

表側(狭い)
二つ折り線
(溝になっている)
見返し側(広い)

☆袖ぐりバインダー始末

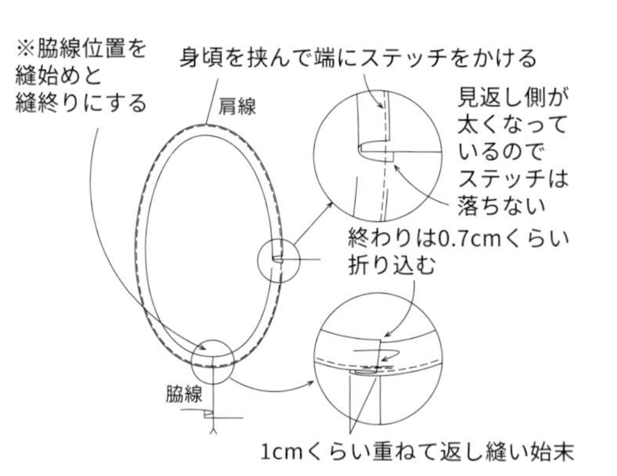
※脇線位置を
縫始めと
縫終りにする
身頃を挟んで端にステッチをかける
肩線
見返し側が
太くなって
いるので
ステッチは
落ちない
終わりは0.7cmくらい
折り込む
脇線
1cmくらい重ねて返し縫い始末

☆衿ぐり〜裾バインダー始末

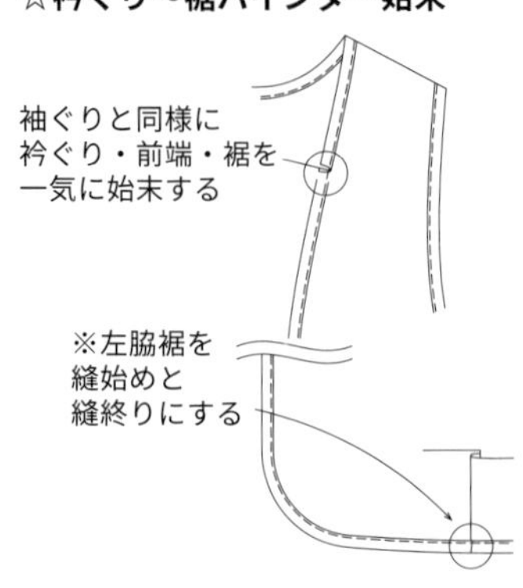
袖ぐりと同様に
衿ぐり・前端・裾を
一気に始末する
※左脇裾を
縫始めと
縫終りにする

③身頃にライナー用テープとボタンをつける

テープのつけ方はp.29-Eを参照してください。
ただし、テープと線コキのつけ位置は
コート本体とは左右が反転するので充分注意してください。

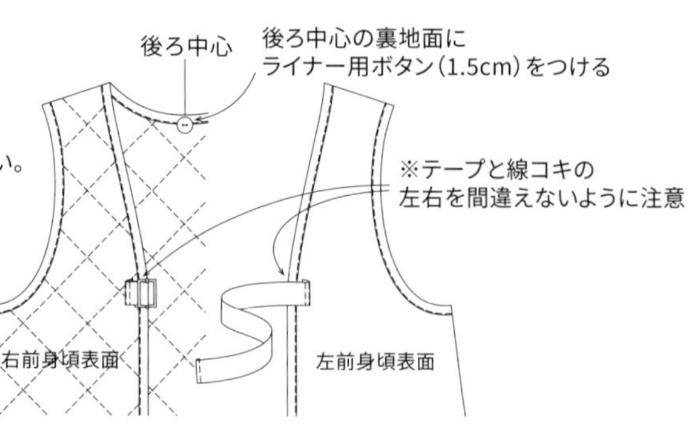
後ろ中心
後ろ中心の裏地面に
ライナー用ボタン(1.5cm)をつける
※テープと線コキの
左右を間違えないように注意
右前身頃表面
左前身頃表面

キルティングのつくり方

◎直線柄の場合

❶パターンの周囲に余裕をつけて、布地・中わたキルト芯・裏地を裁断する
（四角く裁断すると作業がしやすい）

キルティングステッチで
全体的に小さくなるので
パターンより周囲5cmは
大きく裁断する

❷チョークペンなどを
使用して
表地に柄を直接書く（※）

※チョークペンは水で
完全に消えるタイプを使用
アイロンで消えるタイプは
時間とともに再び現われる場合があります。

❸厚紙でステッチガイドをつくる

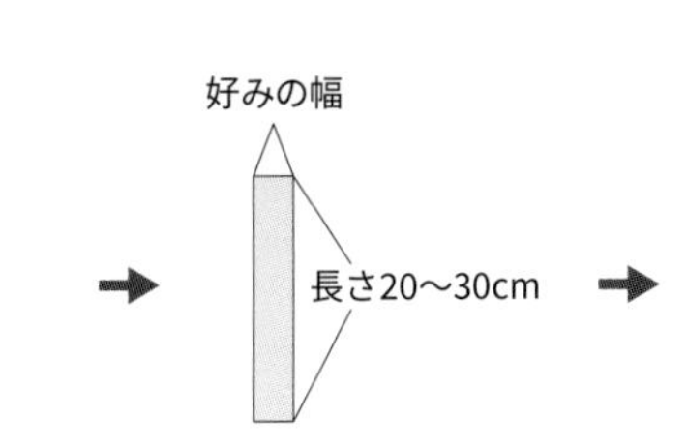

好みの幅
長さ20〜30cm

❹2枚の布地の間に中わたキルト芯を挟む

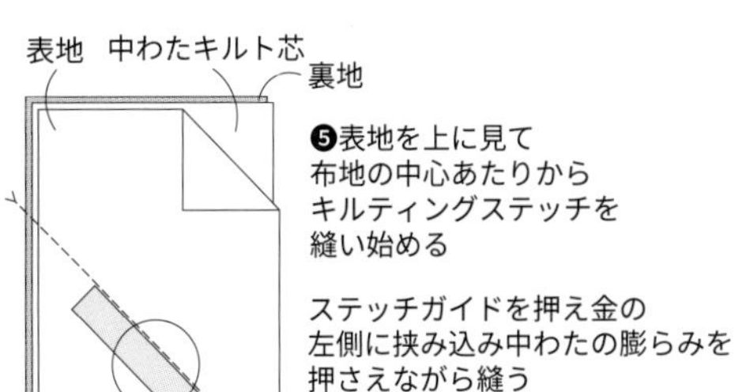

表地
中わたキルト芯
裏地

❺表地を上に見て
布地の中心あたりから
キルティングステッチを
縫い始める

ステッチガイドを押え金の
左側に挟み込み中わたの膨らみを
押さえながら縫う

ミシン針
押え金
ステッチガイド

❻中心から外側に向かって
ステッチをかける（※）

※布地の端からキルティング
ステッチをかけると
布地どうしが大幅にずれて
いくので注意する

作品のキルティング

a

幅5cmの
ダイヤ柄

d

2.5cm
4cmの縦柄

◎曲線柄の場合

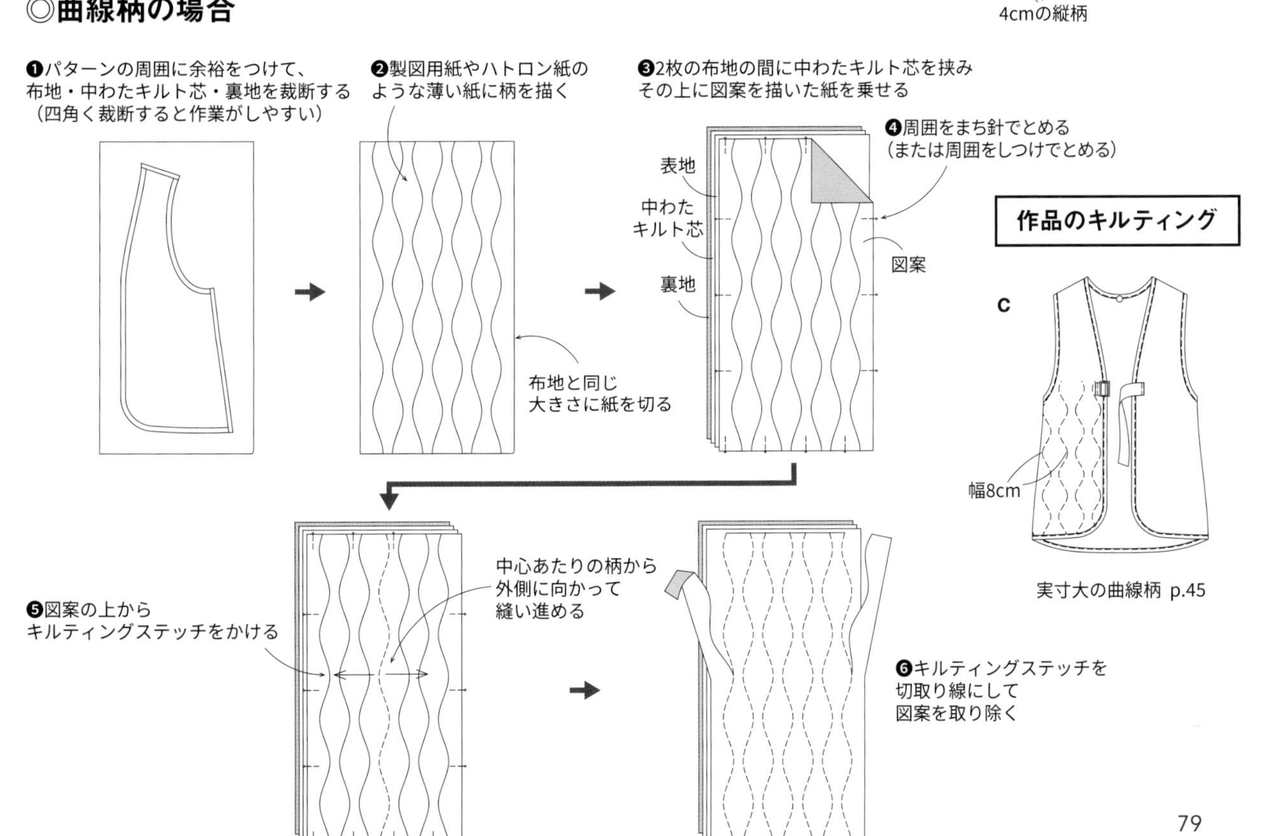

❶パターンの周囲に余裕をつけて、
布地・中わたキルト芯・裏地を裁断する
（四角く裁断すると作業がしやすい）
❷製図用紙やハトロン紙の
ような薄い紙に柄を描く
布地と同じ
大きさに紙を切る
❸2枚の布地の間に中わたキルト芯を挟み
その上に図案を描いた紙を乗せる
表地
中わた
キルト芯
裏地
❹周囲をまち針でとめる
（または周囲をしつけでとめる）
図案
❺図案の上から
キルティングステッチをかける
中心あたりの柄から
外側に向かって
縫い進める
❻キルティングステッチを
切取り線にして
図案を取り除く

作品のキルティング

c

幅8cm

実寸大の曲線柄 p.45

TOWNのニュースタンダードコート

2021年11月21日　第1刷発行

著　者　木地谷良一　渡部まみ
発行者　濱田勝宏
発行所　学校法人文化学園 文化出版局
〒151-8524
東京都渋谷区代々木3-22-1
電話　03-3299-2485（編集）
03-3299-2540（営業）
印刷・製本所　株式会社文化カラー印刷

文化出版局のホームページ
http://books.bunka.ac.jp/

TOWNのホームページ
https://town-sewing.com

木地谷良一
パタンナー。文化服装学院技術専攻課程卒業。1976年生れ。大手アパレルメーカーでレディースパタンナーとして約18年勤務。2015年に独立。現在、都内大手アパレルメーカーから居住地である神奈川県鎌倉市周辺のブランドまで幅広いパターンを手がけるとともに、「KICHIYA PATTERN」名義でオリジナルの親子服を不定期販売する作家活動も行なう。
2016年、アパレルメーカー時代からの親友である渡部まみとともに縫い代つきカット済パターンのレーベル「TOWN」を開始。
https://kichiya-pattern.com/

渡部まみ
デザイナー。東京モード学園卒業。1975年生れ。大手アパレルメーカーでニットデザイナーとして勤務。その後、服飾専門学校教員を経て、2007年神奈川県葉山町に移住。2008年にブランド「short finger」を設立。2021年に長野県松本市にアトリエを移し、全国でのオーダー受注会、店舗とのコラボレーション、ソーイング教室を行なう。https://short-finger.com/

ブックデザイン　渡部 忠（STUDIO FELLOW）
撮影　枦木 功
安田如水（p.2-3／文化出版局）
スタイリング　岡尾美代子
ヘアメイク　茅根裕己
モデル　ALASKA
トレース、作り方解説　木地谷良一
パターンレイアウト　白井史子
校閲　向井雅子
編集　田中 薫（文化出版局）

【布地提供】
小原屋織維
TEL 06-6862-3266
https://oharaya.com
生地のオンラインショップ iina
https://iina-shop.shop-pro.jp/

CHECK&STRIPE
http://checkandstripe.com

布地のお店　ソールパーノ
TEL 06-6233-1329
https://www.rakuten.co.jp/solpano

【布地協力】
新宿オカダヤアルタ生地館
TEL 03-6273-2711(4F 直通)
オンラインショップ
https://www.okadaya.co.jp/shop/c/c10/

素材の表記は2021年11月現在のものです。

【衣装協力】
R&D.M.Co-
THE DEARGROUND（直営店）
TEL 0555-73-8845
p.4 ニットプルオーバー、ニットパンツ／p.6 フリルカラーノースリーブトップス、ニットボアベスト、圧縮ニットサルエルパンツ／p.14 スモックドレス、ルーズフィットタイツ

GLASTONBURY SHOWROOM
TEL 03-6231-0213
p.6 ブーツ／p.12,14,16 靴（Sanders）
p.18 中に着たワイドコート、ソックス（Yarmo）

Véritécoeur
TEL 092-753-7559
p.12 オールインワン／p.13 ストール／p.16 中に着たワンピース、パンツ